KB105805

AI 터치다운

AI 터치다운

현실로 활용하는 슬기로운 AI 생활

송은주, 정승훈, 지미영 지음

왜 전공도 아닌 AI 책을 쓰게 되었나!

2022년과 2023년의 세상, COVID 19 이전과 이후로 달라진 것처럼 또 다른 세상으로 나뉘는 해가 되었다. 2023년의 가장 핫한 분야는 생성형 AI인 챗GPT일 것이다.

2023년 봄에 시작된 AI에 대한 관심이 폭발했다. AI와 관련된 강의뿐만 아니라 다양한 내용을 담은 책들로 넘쳐나기 시작했다. 여름을 지나면서 챗GPT, 구글 바드(제미나이), 네이버 하이퍼클로버X 등 언어모델을 기반으로 하는 챗봇이 계속 출시되었고, 그와 더불어 동영상, 이미지 생성, 음원 생성 등 기존 앱과 프로그램에도 AI 기능을 업데이트하고 있다.

이 책의 공저자들은 스마트에듀빌더의 〈디지털 미디어리터러시 지도사〉 민간자격 과정을 운영 중인데, 생성형 AI인 챗GPT의 등장으로 2021년부터 진행 중인 자격 과정의 커리큘럼 내용에 변화가 필요했다. 강의를 의뢰하는 기관에서도 AI를 활용한 내용을 포함해 줄 것을 요청해 오기도 했다.

이론과 실습으로 이루어진 강의에서 실습 부분은 영상 제작에 관한 내용이었는데, 영상 제작에 인공지능을 활용하는 내용을 추가하니 내용이 더 풍부해졌다. 그래서 2023년에는 민간자격 과정 외에 디지털 리터러시의 역량 강화에 관한 모든 강의에 생성형 AI 활용 프로그램을 포함해서 기획했다. 생성형 AI가 등장한 지 얼마 되지 않은 시기였기 때문에 학생부터 성인에 이르기까지 다양한 이들을 대상으로 생성형 AI의 활용에 관한 강의를 하면서 자연스럽게 강의 영역이 넓어지는 계기가 만들어졌는데, 디지털 미디어, AI를 처음 접하는 수강자들은 나이와 상관없이 흥미롭고 재미있다는 소감을 나눠 주었다. 그리고 소감을 들을 때마다 책임감이 더욱 커져서 더 깊이 있는 강의를 해야겠다는 생각을 하게 되었다.

강의에 활용하고자 하는 사람이나 일반인들을 위한 AI에 대한 기본적인 개념을 이해하고 역사에 대해서도 살펴볼 수 있는 '개념 사전'과 같은 책이 있으면 좋겠다는 생각에 서점에 나와 있는 책들을 찾아 여러 권 읽어 보았는데, 만족스러운 답을 제시하는 책들이 보이지 않아 좀 아쉬웠다. 너무 단편적인 내용을 나열하는 데 그치거나 전문가들에게는 익숙하지만 일반인들이 이해하기엔 어려울 수 있는 전문적인 내용들로 채워져 있었기 때문이다.

사실 AI의 원리에 대해 알고 싶어 하는 사람은 얼마나 될까? 핸드폰이나 자동차의 원리에 대해서는 아무것도 몰라도 사용하는 데 어려움이 없다. 오히려 실질적인 활용이 더 필요한 것처럼 AI 또한 다르지 않다고 생각했다. AI에 대한 기본적인 개념과 개발 과정에 따른 이해하기 쉬우면서도 도움이 될 만한 것들을 포함해서 AI에 대한 일반적인 궁금증과 실질적인 프로그램 사용법을 알려주는 책이 좋겠다는 데 의견이 모아졌다. 그래서 AI, IT 분야의 전문가로서가 아닌 인문학자의 관점에서 바라보는 인공지능에 대한 책을 쓰기로 하였다.

1장은 지미영 작가가 AI의 개념과 역사에 대해 살펴보고 AI가 무엇인지 알아본다. 2장은 정승훈 작가가 AI에 대한 일반적인 궁금증 열 가지에 대한 답을 찾아보고, 3장은 송은주 작가가 누구나 따라 할 수 있는 AI 기능이 있는 모바일용 앱과 프로그램을 소개하고, 활용해 볼 수 있도록 구성했다. 어렵지 않고 이해하기 쉽게 그러면서도 '아~ 이런 거구나. 이렇게 활용하면 되겠네.' 싶은, AI 기본과 활용을 합친 내용이 될 것이다.

디지털 역량강화 프로그램을 수강했던 분들은 마지막 소감으로 "배운 것에 대해 다 알지는 못하지만 이제 디지털, 미디어에 대해 두렵지 않네요."라는 말을 전했다. 이 책도 그럴 것이다. 알지 못하는 대상에 대한 막연한 두려움은 대상에 대한 정보가 생기는 순간 사라진다. 요즘은 너무나 똑똑한 AI 때문에 AI 로봇에 대한 두려움을 많이 이야기하는데, AI 전문가로서가 아닌 인문학자의 입장에서 사람들이 갖게 되는 두려움이 더 잘 보이고, 그 두려움에 대해 할 이야기들이 차곡차곡 쌓이다 보니 책을 쓰게 되었던 것이라고 할 수 있다.

시간이 지날수록 우리는 지금보다 훨씬 많은 영역에서 AI를 만나게 될 것이다. 스마트폰 없는 생활을 상상할 수 없을 정도로 AI가 없이 생활할 수 없는 시대가 될 수도 있다. AI 프로그램은 사용하기 너무 쉬워서 활용도도 높다. 그리고 무엇보다 변화의 속도가 빨라서 자고 일어나면 뭔가가 생겨나고 있다.

COVID-19로 온라인 소통에 익숙해진 것처럼 AI는 우리에게 어떤 것을 익숙하게 해 줄까? 무언가에 대한 익숙함은 무언가가 없는 불편으로 느껴질 것이다. 앞으로 필연적으로 AI와 더불어 살아가야 할 모든 사람에게 꼭 필요한 책이 되었으면 하는 바람이다.

2024년 4월, 저자 일동

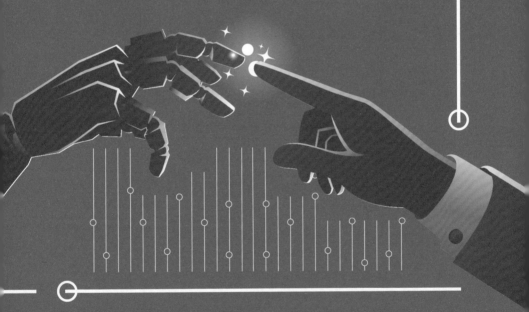

AI의 흥미로운 여정

과거, 현재 그리고 미래

AI, 그것은 무엇일까요?

우리가 알고 있는 인공지능^AI의 이름을 이야기해 볼까요? 제가 매일 부르는 '빅스비', 지도 앱의 '아리아', 스마트 스피커 '지니'와 이세돌 국수와 바둑을 둔 '알파고' 정도예요. 그리고 마블 영화를 좋아하는 분은 영화 〈아이언맨〉 토니의 비서인 '자비스' 등을 떠올릴 수 있을 것 같아요.

우리는 우리가 던지는 질문에 대답이 가능한 인공지능을 2000년대 들어서서 만날 수 있었어요. 하지만 최초로 인공지능이라는 개념의 존재가 선을 보인 것은 1968년 스탠리 큐브릭 감독의 영화 〈2001: 스페이스 오딧세이〉에서인데요, 'HAL 9000'이라는 인공지능이 인간과 의사소통을 해요. 지금으로부터 무려 50여 년 전에 만들어진 영화라는 걸 생각해 보면 정말 놀랍지 않은가요?

인간과의 소통 능력을 가지고 있는 인공지능

인공지능이라는 단어에서 연상되는 이미지가 무엇인지를 물으면 "로봇"이라는 대답을 하는 사람들이 많아요. 하지만 인공지능과 로봇은 다른 개념이에요. 간단하게 알아보자면, 로봇은 내장된 프로그램에 따른 움직임을 실현하는 하드웨어에 가깝고, 인공지능은 스스로 학습하고 발전하는 소프트웨어로 구분해요.

조금 더 구체적으로 알아보면, 인공지능에 대한 개념은 1956년에 처음 공론화되었고, 다양한 분야의 전문가들이 그들의 언어로 다양하게 설명하고 있어요. 인공지능에 대해 한 문장으로 정의를 내리고 싶어서 책, 논문, 포털사이트, AI 등을 찾아보다가 비슷하지만 조금씩 다른 정의들을 모두 살펴보면서 인공지능을 이해하는 데 도움이 되어서 적어놓았는데, 천천히 하나씩 읽어보기를 권해 드려요.

1. 문제를 푸는 기능 (서지원)

2. 인공적으로 만든 지적인 행동 (프뢰벨칸 편집팀)

3. 사람처럼 생각할 수 있는 컴퓨터

4. 인간의 지능을 가진 생각하는 기계 (프뢰벨칸 편집팀)

5. 사람이 컴퓨터를 이용해서 만든 지능

6. 인간의 생각이나 학습 능력을 컴퓨터 프로그램으로 실현한 것

7. 인간지능을 기계에 실현하였을 때의 기계가 갖추는 능력 (이초식)

8. 지능적 기계, 지능적 프로그램을 만드는 과학 혹은 기술 (MacCarthy)

9. 컴퓨터가 '학습', '인식', '판단'하는 능력을 갖추는 것 (프뢰벨칸 편집팀)

10. 인간만이 할 수 있던 일을 기계가 할 수 있도록 구현하는 과학 기술

11. 인간의 인지·추론·판단 등의 능력을 컴퓨터로 구현하기 위한 기술 혹은 그 연구 분야 (네이버 두산백과)

12. 사람의 학습하는 능력, 생각하는 능력, 말하는 능력 등을 컴퓨터 프로그램으로 실현한 기술 (천재학습백과 초등 소프트웨어 용어사전)

13. 컴퓨터 시스템이 인간과 유사한 학습, 추론, 판단, 의사 결정 등의 지능적인 작업을 수행할 수 있는 능력 (GPT-3.5)

14. 컴퓨터에서 인간과 같이 사고하고 생각하고 학습하고 판단하는 논리적인 방식을 사용하는 인간지능을 본뜬 고급 컴퓨터 프로그램

15. 인간의 지적 능력을 컴퓨터로 구현하는 과학 기술. 상황을 인지하고 이성적·논리적으로 판단·행동하며, 감성적·창의적인 기능을 수행하는 능력까지 포함

16. 인간의 경험과 지식을 바탕으로 문제를 해결하는 능력, 시각 및 음성 인식의 지각 능력, 자연 언어 이해 능력, 자율적으로 움직이는 능력 등을 컴퓨터나 전자 기술로 실현하는 것을 목적으로 하는 기술 영역

무척 다양하죠? 이 중에서 어느 하나의 정의로는 인공지능에 대해 설명하기가 어렵다는 생각이에요. 전문가들도 인공지능의 정의를 정해진 틀 안에 넣는 것은 힘들다고 해요. 이유는 인공지능을 직역하면 사람이 만든 지능인데, '지능'에 대해 다양한 분야에서 연구하고 있지만 각각의 해석이 달라 해석 범위가 너무 넓어서예요. 이로 인해 인공지능을 연구하는 분야 역시 컴퓨터 공학 외에도 철학, 기호학, 신경학, 언어학, 심리학 등 다양해졌어요. 그리고 새로운 학문이 생기기도 하고요.

인공지능에 대해 이해하기 위해 모든 분야에서 이야기하는 지능의 정의에 대해 알아볼 수는 없지만 교육학이나 심리학적 관점에서 알아보는 것이 인공지능을 조금 더 쉽게 이해할 수 있어요. 심리학과 교육학에서는

지능을 "한 개인이 문제에 대해 합리적으로 사고하고 해결하는 인지적인 능력과 학습 능력을 포함하는 총체적인 능력"이라고 하고 있어요. 이 능력을 기계에 입력하면 인공지능이 된다는 거지요. 하지만 이 지능을 어떻게 기계에 입력할 수 있을까요?

『인간 vs 기계』의 저자 김대식 교수는 "사람과 비슷한 지적 능력을 갖추기 위해서는 사람이 세상을 이해하는 방법을 그대로 입력하면 된다. 그렇게 하기 위해서는 인간이 먼저 세상을 보편적으로 이해한 방법을 알아야 한다."라고 하면서 플라톤, 아리스토텔레스의 철학이 등장하는 2500년 전의 고대철학부터 이야기를 시작하고 있어요. 다른 논문이나 책에서도 지능에 대해 이해하는 방법은 비슷해요. 철학에서 시작해서 논리학으로 이어지며 인간이 세상을 이해하기 위해 어떤 경로를 거쳐 지금의 우리에게까지 왔는지를 설명하죠.

'우리가 세상을 이해하는 방법을 기계에 적용해 지능을 갖게 하는 것'이 인공지능이죠. 적용하는 방법이 고도화 될수록 인공지능의 기능 역시 훨씬 정교해질 거예요. 이렇게 이해하니 인공지능에 조금은 가까이 간 듯 느껴져요. 인공지능은 인간에게 스며드는 기술이라고 해요, 다른 기술도 그렇겠지만 인공지능은 특히, 그 속도가 빠르고, 폭이 넓어요. 그러다 보니 인공지능이 주는 공포심의 크기도 작지 않죠.

하지만 인공지능이 하는 일, 그리고 그로 인해 미치는 영향 등을 알고 있다면 인공지능이 그리 무서운 존재는 아닐 거예요.

이제 다음 장부터는 인공지능에 대해 차근차근 알아볼 거예요. 이번 장에서 알아본 인공지능의 다양한 정의를 바탕으로 재미있고 신기한 인공지능에 관한 이야기를 해보도록 할게요.

AI라는 용어의 탄생

"예술과 학문을 배우는 평소의 방법이 얼마나 고생스러운지 모두가 알고 있다. 하지만 내가 고안한 방법을 따르면 지극히 무지한 사람도 적당한 비용과 약간의 육체적 노동만으로 철학, 시, 정치, 법, 수학, 신학에 관한 책을 쓸 수 있다."

위 문장을 읽어 보면 지금 우리의 현실로 들어와 있는 대화형 챗봇인 생성형 AI에 대해 말하는 것 같지 않나요? 하지만 우리에게 너무나 익숙한 작품인 『걸리버 여행기』에 나오는 문장이에요.

걸리버가 소인국, 거인국을 거쳐서 도착한 세 번째 여행지는 '라퓨타(날아다니는 섬)'였어요. 이 섬의 수도 라가도에는 '계획자 학술원Academy of projector'이 있어요. 이곳에는 500개 정도의 방이 있고 방마다 계획자들이 발명하는데, 발명품이 너무 허무맹랑해서 웃음이 날 정도예요.

위의 문장은 귀빈으로서 학술원을 방문한 걸리버에게 계획자가 자신의 발명품인 자동으로 단어를 만드는 '단어 조합기 틀'을 자랑하면서 하는 말이었어요. 이 작품은 1726년에 조너선 스위프트가 쓴 작품인데,

1700년대에 이런 상상을 할 수 있었던 작가가 정말 천재처럼 생각되지 않나요? 더불어 인공지능을 생각해낸 사람 역시 천재라는 생각이 들어요.

인공지능은 어디에서 처음 시작되었을까요? 인공지능이란 말은 누가 처음 사용했을까요?

지금부터 인공지능의 시작은 어디서부터 였는지 알아보기로 해요.

워렌 맥클록Warren McCulloch과 월터 피츠Walter Pitts는 지능을 가진 기계를 꿈꾸며 사람의 두뇌를 연구해 1943년 인공지능에 관한 연구로 간주하는 인공 뉴런 모형을 제안했어요. 기초 심리학, 뇌의 뉴런기능 연구, 계산에 관한 연구 등을 바탕으로 연구했고, 이 연구 결과를 모델로 1950년 마빈 민스키와 딘 에드먼즈는 최초의 신경망 컴퓨터를 만들었어요. 이때를 인공지능의 태동기라고 해요.

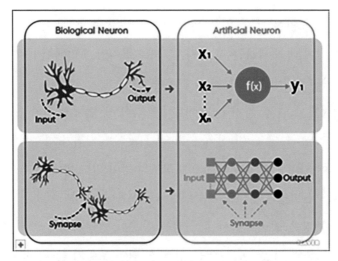

출처 : 〈용어로 알아 보는 우리 시대 DATA〉 인공신경망

앞의 그림을 설명하면 좌측 사각형 안에 있는 신경세포(뉴런)에서 왼쪽 색칠된 부분인 수상돌기로 정보를 받아들여 오른쪽 희미하게 색칠된 축삭돌기로 빠져나가는데, 이때 또 다른 신경세포의 수상돌기와 연결되는 식으로 그물망이 형성돼요. 이를 본떠서 우측 사각형 안의 그림처럼 정보를 입력하면 수학적 계산, 즉 다양한 값을 입력해 답을 얻는 함수의 형태를 빌어 인공 뉴런(신경세포) 모델을 만들었어요. 이 과정은 〈딥러닝과 머신러닝, 인공지능의 두 축〉에서 자세히 설명하려고 해요.

인공지능의 태동기를 거쳐 본격적인 인공지능이 탄생하게 된 것은 1956년 존 매카시에 의해서예요. 지능을 가진 기계를 '인공지능'으로 표현한 첫 번째 사람이니 당연하겠죠? 그래서 인공지능을 이야기하면서 많은 과학자 중에서도 존 매카시는 빼놓을 수 없어요. 그런데 존 매카시는 '인공지능'이라는 말을 언제 하게 되었을까요?

존 매카시는 1956년 여름에 다트머스에서 2개월짜리 워크숍을 조직하면서 동료 과학자들에게 다음과 같은 내용으로 제안서를 보냈어요.

"우리는 1956년 뉴햄프셔 하노버의 다트머스 칼리지에서 두 달간, 10명에게 인공지능 연구를 제안합니다. 학습을 비롯한 지능의 그 어떤 기능이라도, 그 기능을 흉내 내는 기계를 구축할 수 있을 정도로 기능의 모든 측면을 엄밀하게 서술하는 것이 원칙적으로 가능하다는 추측에 근거해서 연구를 진행하려고 합니다. 언어를 사용하고, 추상과 개념을 형성하고, 지금은 사람만 풀 수 있는 종류의 문제를 풀고, 자신을 스스로 향상하는 기계를 만드는 방법을 찾아볼 것입니다. 우리는 세심하게 선택된 일단의 과학자들이 여름 동안 함께 연구한다면 그런 문제 중 하나 또는 그 이상에 큰 진척을 이룰 수 있을 것으로 생각합니다."

존 매카시는 이 제안서에서 인공지능이라는 단어를 최초로 사용한 것이죠. 두 달 동안의 워크숍으로 큰 연구 성과는 없었지만, 다트머스 칼리지에 있는 존 매카시의 제안으로 프린스턴, IBM, 카네기 공과대학에 몸담고 있던 과학자들과 새로운 분야를 만들어 냈다는 것에 큰 의미가 있어요. 이후 20년간 이 분야는 이 워크숍에 참여한 사람들과 그 제자들, 그리고 MIT 공과대학, CMU(카네기멜런대학교), 스탠퍼드, IBM의 동료들이 주도했어요.

인공지능의 탄생 후 현재까지 연구가 활발하게 이루어진 것만은 아니었어요. 인공지능의 태동기와 탄생기를 거친 후 1974~1980년에 첫 번째 암흑기가 찾아와요. 20여 년간의 연구에 관한 결과를 보여주지 못했기 때문에, 연구가들에게 기대가 많았던 기업들이 실망을 하고 투자를 중단하자 진행하던 연구 프로젝트들이 거의 중단되었던 것이죠. 그이후 1980년대에 들어서면서 다층 신경망의 연구로 발전기를 이루다 1987~1993년까지 두 번째 암흑기가 찾아오게 되고, 그 이후 검색엔진을 통해 방대한 데이터의 수집이 가능한 기술의 연구 결과로 인공지능의 머신러닝과 인터넷의 웹브라우저인 월드와이드웹(www) 등장으로 연구의 성과를 보이며 안정기에 접어들게 되었고, 그 이후부터 현재까지 활발한 연구가 이어지고 있기 때문에 인공지능의 부흥기라고 볼 수 있어요.

우리는 인공지능과 인간의 삶을 떼어놓을 수 없을 정도라는 말이 자연스럽게 인식될 정도로 인공지능의 존재가 다양해지고 익숙해졌죠. 이렇게 익숙해진 인공지능이 어떻게 시작되었는지 인공지능의 태동기부터 부흥기까지 인공지능의 발전 단계를 따라가 보았어요.

　다음 장에서는 인공지능을 이야기하면서 빼놓을 수 없는 존 매카시만큼 중요한 또 다른 인물을 소개하도록 할게요.

AI의 첫걸음, 앨런 튜링

Q : "기계가 사람처럼 생각할 수 있나요?"

A : "당신은 멍청한 질문을 하고 있어요."

기계는 당연히 사람처럼 생각하지 못해요. 기계는 사람과 다르니까 생각하는 방식도 다르죠. 하지만 흥미로운 건 사람과 다르게 생각한다고 해서 생각을 안 하는 건 아니라는 점이죠.

인간은 서로의 차이점을 인정해요. 딸기를 좋아하고, 스케이트를 싫어하고, 슬픈 영화를 보며 울고, 꽃가루 알레르기가 있어요. 서로 다른 취향이나 선호도는 우리 뇌가 서로 다르고, 생각도 다르기에 생기는 거예요. 사람이 그렇게 서로 다른 것처럼 구리, 전선, 금속으로 만든 뇌도 다를 수 있겠죠.

앞에서 했던 질문과 대답은 2014년 영화 〈이미테이션 게임〉 속에 등장하는 인물들이 나누는 대화 내용이에요. 이 영화는 제2차 세계대전을 배경으로 독일 나치의 암호 에니그마를 풀기 위해 영국의 천재들이 모여 암호 해독을 위해 고군분투하다 결국 독일의 무적 잠수함인 U보트의 위치 등 다양한 정보에 대한 암호를 해독해 전쟁에서 승리하는 긴박한 스토리를 보여준 영화예요.

주인공인 앨런 튜링에 대해서 알아볼까요?

앨런 튜링은 1912년 영국에서 출생했어요. 11세에 허이즐허스트 학교에 입학했지만 라틴어와 문학 위주의 수업을 하는 학교생활에 적응하지 못했는데, 교육열이 높은 부모님의 권유로 15세에는 영국의 명문 사립고인 셔번 학교에 입학하게 돼요.

입학 후 허이즐허스트 학교와는 다른 분위기에 안도한 후 자신이 좋아하는 수학과 과학 수업에 집중하죠. 워낙 뛰어난 머리의 소유자였던 앨런 튜링은 학교의 수업이 너무 쉬워서 어려운 이론의 수학을 따로 공부할 정도였고, 그러다 보니 높은 학업 성적을 바탕으로 케임브리지 대학의 킹스 칼리지 수학과에 장학생으로 입학할 수 있었어요.

튜링은 대학에서 확률론, 통계학, 수 이론 등 다양한 공부를 하던 중 1928년 수학국제대회에서 힐베르트가 발표한 『수학은 결정 가능한가?』즉 '참인지 거짓인지 확실하게 결정해 줄 체계적 최상위 과정이 있다.' 라는 논제에 대해 반증하기 위해 스승인 노먼의 이론과 괴델의 이론을 바탕으로 '기계적 과정, 기계적 규칙'을 통해 모든 수학 문제를 해결할 수 없다는 가설을 세우고 계산 기계를 만들기로 했어요.

앨런 튜링은 기계의 힌트를 타자기의 원리에서 얻었어요. 타자기의 글자판을 누르면 글자 막대가 올라와 종이에 글자를 찍어요. 그리고 약간 다르게 생긴 글자판(예를 들어 지금의 shift, ctrl)을 누르면 다른 기능(대/소문자,

쌍자음, 복모음)이 생겨요. 글자가 찍히고, 글을 찍을 수 있는 줄을 바꿀 수 있다는 것 등에 착안해 모든 수학적 문제를 해결할 수 있는 '튜링 머신'이라는 가상의 이론적 기계를 만들어 내죠.

튜링 머신은 첫 번째, 0이나 1이 쓰여 있는 끝없이 긴 테이프가 있고, 두 번째, 한 칸씩 움직이기 때문에 한 번에 테이프 한 칸만을 읽을 수 있는 스캐너가 있어요. 이 스캐너는 테이프의 숫자를 읽고 나서 숫자를 바꿀 수도, 바꾸지 않을 수도 있고, 오른쪽이나 왼쪽으로 이동할 수 있어요. 그리고 세 번째, 스캐너에 표시된 문자예요. 이 문자는 스캐너의 상태를 나타내고 문자에 따라 상태가 변해요. 이제 튜링 머신에 대한 기술적 설명은 끝났어요.

이 설명은 컴퓨터에 대한 배경지식이 있다면 무척 쉽게 이해할 수 있지만 저처럼 컴퓨터에 대한 배경지식이 없는 경우에는 한 번의 설명으로는 이해하기가 쉽지 않아서 위의 이론과 그림을 바탕으로 쉽게 풀이해 볼게요.

다음 페이지의 그림을 먼저 볼까요? 이 그림이 튜링 머신이에요. 그림을 보면 육면체 밑에 있는 기찻길처럼 생긴 모양이 있죠? 이게 0과 1이 쓰여 있는 무한의 긴 테이프예요. 그리고 현재 상태라고 쓰인 상자가 보이시죠? 이걸 스캐너라고 해요. 그리고 스캐너에는 프로그램 명령어들의 집합이 저장되어 있어요. 그림에서는 상자 위의 영수증처럼 생긴 종이에 적힌 문자를 말해요. 이 명령어에 따라서 스캐너가 움직여요. 우리는 이 명령어를 알고리즘이라고 불러요. 알고리즘의 정확한 의미는 어떠한 문제를 해결해 나가는 문제 해결 방법 혹은 계산 절차인데, 우리는 '추천 알

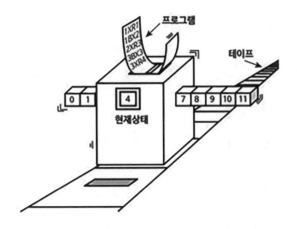

<튜링 기계> 출처 : 세계 백과 사전 지식

고리즘'이라는 단어가 훨씬 익숙하죠? 우리에게 익숙한 의미를 잠시 접어두고 문제 해결하는 순서가 모인 명령어 집합체라는 의미를 기억하고 따라와야 앨런 튜링의 위대한 이론을 만날 수가 있어요.

우리는 가상이지만 튜닝 머신을 작동해 볼 거예요.

이 기계에 "어떤 숫자에 1을 더하시오."라는 계산을 위한 알고리즘을 아래의 그림과 같이 입력해 볼게요. 숫자 아래에 적혀 있는 작은 글씨의 기호를 해석하면 다음과 같아요.

숫자의 왼쪽의 작은 글씨는 상태, 오른쪽 글씨는 움직이는 방향, stop는 멈춤이라는 뜻이 있어요.

1. 0을 스캔 할 때 오른쪽으로 스캐너 계속 이동

2. 오른쪽으로 이동하다 1을 만나면 상태 B로 바꾸고 오른쪽으로 이동

3. 상태 B에서 0을 스캔하게 되면 1로 바꿔준 후 멈춘다.

어떤 숫자에 1을 더하시오

출처 : 유튜브 〈김필산의 사이언스비치〉
내용 출처 : 로저 펜로즈의 '황제의 새 마음'

여기까지의 명령으로 '어떤 숫자에 1을 더하시오.' 라는 명령을 수행한 셈이에요. 0을 1로 바꾸는 순간 없던 1이 생겨났거든요. 신기하지 않나요?

이러한 방식으로 덧셈, 곱셈 등 지금의 컴퓨터가 할 수 있는 모든 계산이 가능해요. 컴퓨터의 원래 의미가 계산하는 사람을 뜻하기 때문에 당시에는 계산하는 사람이나 기계를 컴퓨터라고 했어요. 그러니 1936년에 쓰인 앨런의 논문에 컴퓨터라는 단어가 등장하는 건 너무 당연하겠죠?

앨런은 이 기계를 만들고 힐베르트의 결정 문제, 즉 '수학적 모든 문제에 대해서 참인지 거짓인지를 결정할 수 있다.' 라는 주장에 대해서 어떤 결과를 얻었을까요?

앨런 튜링은 1936년 『계산 가능한 수와 결정문제 적용에 관하여』라는 논문을 펴내며 힐베르트의 주장이 틀렸다는 내용을 실었어요. 이유를 간단히 설명하자면, '지금 제시된 풀리지 않는 문제의 답이 있는지 없는지를 최종적으로 누가 확인해 줄 수 있는가?' 라는 문제를 컴퓨터의 언어로 바꾸어봤을 때 컴퓨터는 답을 찾으면 멈추는데, 답을 찾지 못하면 로딩 상태로 있는 기계라는 거예요. 로딩 상태인 컴퓨터가 멈출지 안 멈출지를 알 수 있는 최종적 점검 기계는 존재할 수 없어서 '모든 문제를 기계적으로 풀 수 있다.' 라는 주장은 맞지 않다는 결론을 내리게 된 거죠.

이 내용을 실은 논문은 지금까지도 수학 분야에서 최고의 논문으로 인정받고 있어요.

앨런 튜링은 이 논문을 쓸 때 수학의 영역과는 맞지 않는 '마음 상태'라는 단어를 많이 사용했어요. "컴퓨터(계산하는 사람)의 행동은 언제나 그가 관찰하고 있는 기호와 그 순간의 '마음 상태'에 의해 결정된다." "이제 이 인간 컴퓨터를 대체할 기계를 만들 준비가 되었다." 라고 하면서 "인간 컴퓨터의 각각의 '마음 상태'를 이에 상응하는 기계의 설정으로 나타내고자 했다." … 등.

혹시 위의 예시 문장에서 '인공지능'이라는 단어가 떠오르지 않나요? 기계에 인간의 마음 상태를 넣고 싶어 했던 앨런 튜링은 이러한 노력 덕분에 '컴퓨터와 정보 시대의 개척자', '컴퓨터 과학과 인공지능의 아버지', '인류 역사를 바꾼 천재 수학자', '영국을 대표하는 과학자' 등등의 수식어를 갖게 되었어요.

우리는 이제 『계산 가능한 수와 결정문제 적용에 관하여』라는 논문을 통해 '인공지능'이라는 표현은 1956년 존 매카시가 처음으로 했지만 그보다 훨씬 이전인 1936년에 인공지능의 개념을 가지고 있던 사람은 앨런 튜링이라는 놀라운 사실을 알게 되었어요.

다음 장에서는 앨런 튜링의 생각에서 시작된 컴퓨터가 우리가 알고 있는 인공지능에 어떻게 가까워지는지에 대한 여러 과정 중 첫 번째 과정을 소개하도록 할게요.

연합군의 제2차 세계대전 승리와 앨런 튜링

앨런 튜링은 1936년 『계산 가능한 수와 결정문제 적용에 관하여』라는 논문을 펴낸 후, 같은 해 〈기호논리 학회지〉에도 논문을 기고했어요. 1937년에는 폰 노이만 교수와의 교류에서 얻은 새로운 학문적 문제에 관해 연구 과정을 거쳐 논문을 발표해요.

이렇게 일을 꾸준히 하는 와중에도 앨런 튜링은 늘 영국의 케임브리지대학으로 돌아가고 싶어 했는데, 마침 영국의 〈정부신호암호학교〉의 발탁으로 그 계기가 만들어졌어요. 〈정부신호암호학교〉는 신호와 암호에 관한 기술 작업을 담당하는 부서로 제1차 세계대전이 발발한 1914년 영국의 해군성이 독일의 암호첩을 해독하면서 시작된 것이었어요. 독일의 움직임이 심상치 않았던 1938년 여름 앨런 튜링은 이 기관의 요청으로 합류하게 되었는데, 그다음 해인 1939년 봄 앨런 튜링은 케임브리지대학에서 수학 강의를 시작하게 되었고, 교수 생활을 하면서도 영국의 철학자인 비트겐슈타인의 〈수학의 철학〉 강의를 들으면서 자신의 학문에 영감을 받아요.

이 시기에 나치 독일은 오스트리아를 독일에 병합시키고, 체코슬로바

키아로부터 독일인이 주로 거주했던 도시 주데란트를 빼앗았고, 같은 이유로 폴란드에서 단치히 지역을 요구했어요. 하지만 폴란드가 강경하게 대응하자 나치 독일은 1939년 9월 1일 폴란드를 침공했어요. 그러자 그동안 독일의 무리한 요구에도 눈감아 주고 있던 영국과 프랑스는 더는 방관할 수 없어서 독일에 선전포고를 했는데, 이 사건이 바로 제2차 세계대전이에요. 〈정부신호암호학교〉는 영국이 불안한 유럽의 정세에 미리 대비를 하고 있었던 셈이었죠.

제2차 세계대전이 일어나고 프랑스를 점령함으로써 사실상 유럽을 지배하는 데 성공한 독일에게 마지막으로 남은 영국은 반드시 정복해야 하는 대상이었죠.

독일 공군은 영국 본토를 대대적으로 공격했지만 실패로 돌아가요. 영국의 공군력은 독일에 이어 세계 2위였고, 세계 최대의 해군력을 보유하고 있었기 때문에 독일로서는 새로운 작전이 필요했어요. 이때 등장한 신무기가 'U-보트'라고 하는 잠수함이었어요. U-보트의 목표는 영국의 항공모함이나 잠수함을 격파하기 위한 게 아니라 미국이나 캐나다로부터 건너오는 보급 선단을 대서양에서 격파하는 것이었어요. 이를 '대서양전투'라고 하는데, 그 시작은 1939년 9월 17일 U-29의 영국 해군 항공모함의 격침이었어요. 그 뒤로 10월 14일에는 U-47이 영국 해군의 근거지인 스캐퍼플로에 잠입하여 940명을 태운 리벤지급 전함 로열 오크를 격침시키는 성과까지 거둬요.

이 사건을 시작으로 독일은 '울프팩 전술'을 이용해 본격적인 공격을 시작했어요. 울프팩 전술은 여러 척의 잠수함을 한 곳에 집결시켜 호송선단을 공격하는 전술인데, 이 전술로 1940년 6~10월 사이 영국으로 향하

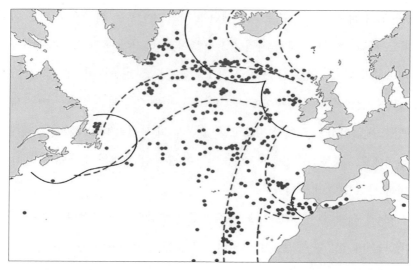

초록색 점선은 영국 수송선의 이동 경로이며 푸른색 점은 수송선이 격침된 위치이다.
(출처 : 위키피디아 출처)

는 수백 척의 상선에 실린 보급품인 139만 톤을 침몰시켰지만 U-보트의 손실은 단 한 척뿐이었어요. 영국이 건조하는 배보다 침몰하는 배의 수가 더 많다는 기록도 있을 정도죠. 위 그림에 점으로 표시된 곳이 U보트에 의해 영국 선단이 침몰한 위치예요. 어마어마하죠?

독일 '울프팩 전술'의 핵심은 잠수함 간의 무전인데, 영국군은 이 무전 암호를 해독할 수 없어서 U보트의 위치를 전혀 파악할 수가 없었어요. 그래서 그 피해가 훨씬 컸던 거예요.

제2차 세계대전이 발발하기 전인 1938년 영국은 이미 암호기 에니그마에 대한 정보를 폴란드로부터 입수했지만, 전혀 암호해독을 못 하고 있는 상황이었어요. 사실 앨런 튜링은 이미 대학교 때부터 암호에 관심이 많아서 에니그마에 대해서는 조금은 알고 있었어요.

앨런 튜링은 블레츨리 파크에 있는 영국의 〈정부신호암호학교〉에서 진

<에니그마 기계> 출처 : Pixabay (스크램블러)

행하는 작전명 '울트라'에 투입된 특별요원이었어요. 그는 특별히 영국에게 가장 큰 피해를 주는 독일 해군의 에니그마 신호 분석 팀에 배정되었죠. 하지만 에니그마로 암호화 된 메시지는 해독 불가능한 상태였어요. 원리는 타자기처럼 생긴 기계의 알파벳 자판을 누르면 자판과 스크램블러에 연결된 전기선을 타고 스크램블러에서 알파벳의 기호를 바꾸어 주는데, 이 과정이 3번에 걸쳐 알파벳이 변환된 후 배전판을 통과해 한 번 더 다른 알파벳으로 변환되고 난 뒤 램프 보드에 표시되는 구조예요.

이 구조는 알파벳 26개에 대한 경우의 수가 $6 \times 26 \times 26 \times 26 \times 26 \times 26 \times 26 = 1,853,494,656$가지나 되고 거기에 기기만 있다고 암호해독이 되는 게 아니라 에니그마 설명서와 독일 해군끼리 주고받은 메시지가 있어야 해독을 할 수 있었어요. 그래서 영국 해군은 에니그마 암호를 풀기 위해 목숨 걸고 U보트를 탈취하고, 에니그마와 메시지를 앨런에게 전달했어요. 이런 과정을 반복하면서 앨런 튜링은 전달받은 메시지를 해독하기 위한 '튜링 봄비(봄브)'를 설계하고 만들어서 드디어 암호해독에 성공하죠.

하지만 해독한 내용을 모든 전쟁에 적용할 수는 없었죠. 독일이 암호 체계가 발각된 사실을 알게 되면 지금보다 더 어렵게 암호 체계를 바꿀 것이고, 그렇다면 지금까지의 노력은 물거품이 된 채 또다시 독일의 암호 체계를 풀기 위해 U보트를 탈취해 에니그마와 암호 문서를 얻어오는 일을 반복해야 하기 때문이에요. 그래서 독일이 눈치 채지 못 하게 확률적으로 이겨야 하는 전투와 지는 전투를 계산해 보고하는 일도 함께 진행했어요. 영국의 승리를 위해 누군가의 희생을 결정해야 하는 일이 한 인간에게 미치게 되는 영향이 얼마나 되는지 상상조차 하기 힘들다는 생각이 드네요.

나치 독일의 잠수함 무기인 U보트가 해전의 역사를 바꾸고, 세계 전쟁사를 바꾸었듯이 앨런 튜링의 에니그마 암호해독은 제2차 세계대전의 양상을 바꾸는 데 크게 이바지했어요. 그리고 암호해독을 위한 특수한 목적을 가지고 있는 전기기계식 컴퓨터인 봄브를 바탕으로 1943년 세계 최초의 프로그래밍 가능한 디지털 컴퓨터 '콜로서스'를 개발하는 성과를 거두었어요.

과거에는 1946년에 미국에서 만들어진 '애니악'을 최초의 컴퓨터라고 했어요. 그러나 현재는 1943년 영국에서 만들어진 '콜로서스'를 최초의 컴퓨터로 인정하게 되었죠.

이렇게 컴퓨터의 역사가 바뀐 이유는 다음 장에서 알아보기로 해요.

앨런 튜링의 비극적인 죽음

제2차 세계대전이 끝난 후 앨런 튜링은 끊임없이 기계와 지능에 관해 연구를 하고, 보고서와 논문을 제출해요. 1948년 「지능을 가진 기계」, 1950년 「계산 기계와 지능」, 1951년 맨체스터 강연 〈지능을 가진 기계라는 이단적 이론〉, 1951년 BBC 라디오 강연 〈디지털 컴퓨터가 생각할 수 있을까?〉 1953년 에세이 『생각보다 빠르게』 중 〈체스〉는 컴퓨터가 체스를 둘 수 있는 인공지능 알고리즘을 제안하는 내용이에요.

앨런 튜링은 왜 인공지능에 관한 연구를 시작했을까요?

앨런 튜링은 셔본스쿨에서 크리스토퍼를 만났는데, 그는 교우관계가 그리 원만하지 못했던 앨런 튜링이 정신적 동반자라고 생각한 선배였죠. 크리스토퍼는 옷매무새를 비롯해 사소한 것들까지 챙겨 주며 앨런 튜링이 학교생활에 적응할 수 있게 도와주었고, 늘 용기를 주었어요. 그리고 캠브리지대학에서 함께 수학을 공부하자고 약속을 하죠. 하지만 크리스토퍼는 이 약속을 지키지 못 해요, 그는 앨런 튜링을 만날 때부터 결핵을 앓고 있었고, 자신이 죽을 거라는 걸 알고 있었어요. 그런 상황에서도 오히려 앨런 튜링보다 모든 일에 적극적이고 늘 다른 사람에게 용기를 주는 크리스토퍼를 보면서 앨런 튜링은 그를 절대적인 존재로서 사랑하게 되요. 앨런 튜링은 삶의 힘겨운 순간마다 늘 크리스토퍼를 생각하고, 기계를 통해 크리스토퍼를 재현할 수 있기를 간절히 바랐어요. 결국 앨런 튜링이 만든 디지털 컴퓨터 '콜로서스'는 앨런 튜링의 꿈에 한 걸음 다가간 듯 보여요.

크리스토퍼는 앨런 튜링의 인생에 있어 의지하고 위안을 받는 존재를 넘어서는 사람이기도 해요. 그것은 앨런 튜링이 학교생활을 하던 중 스스로 성 정체성을 깨닫게 되는 존재이기도 했던 것이죠. 크리스토퍼는 앨런 튜링에게 영원한 첫사랑의 존재로 남게 되었어요. 당시 영국에서 동성애자가 범죄라는 것은 앨런 튜링도 알고 있었지만, 순수했던 앨런 튜링은 주변 사람들에게 자신의 성 정체성을 굳이 밝히려고도, 숨기려고 하지도 않았어요.

앨런 튜링은 케임브리지에서 수학 석사과정을 수료한 후 미국으로 유학을 가 프린스턴대학에서 수학 박사과정을 밟았는데, 이때 프린스턴에서 교수직을 맡았던 수리 논리학의 알론조 처치, 쿠르트 괴델, 스테판 클레이니, 오즈월드 베블런, 존 폰 노이만등과 교류하였어요. 노이만은 앨런 튜링의 재능을 눈여겨보았고 성적 지향도 알게 됐지만 변함없이 친분을 유지했어요. 이후 박사 과정이 끝나가자 노이만은 동성애가 범죄로 분류되는 영국으로 귀국하기보다는 미국에 남으라고 충고하면서 자신의 조교직을 제안했어요. 하지만 당시 애국심에 불타던 젊은 앨런 튜링은 조국을 위한다는 일념으로 노이만의 제의를 거절하고 영국으로 귀국해요.

"2009년 국가로부터 공식 사과를 받다.

2013년 엘리자베스 2세는 특별 사면하고 그 위대한 업적을 알렸다.

역사학자들은 에니그마 해독이 전쟁을 2년 이상 단축했고,

1,400만이 넘는 목숨을 구했다고 평가한다.

영국 정부는 50년 넘게 이 같은 기록을 감췄다.

후대의 과학자는 이 과학자의 업적을 토대로 연구해

오늘날의 컴퓨터를 완성했다.

그의 업적을 기리기 위해 2021년 6월 영국 화폐인 50파운드의 신권에

초상이 사용되었다."

영국을 승리로 이끈 앨런 튜링에게 영국은 왜 사과를 해야 했을까요?
그리고 왜 앨런 튜링의 업적을 2013년이 되어서야 공개했을까요?
그 이유를 함께 알아보기로 해요.

앨런 튜링은 위대한 업적과 비범한 능력에도 불구하고 말년은 좋지 않
았어요. 전쟁을 치르고 학자로서의 생활로 복귀한 그는 아널드 머레이
Arnold Murray라는 남자와 우연한 기회로 만나 사귀게 되었는데, 그러던 어
느 날 그의 집이 도둑이 들었고 아널드가 이 사건에 연루돼 있었다는 것
이 밝혀진 것이죠. 심한 배신감을 느낀 그는 경찰에 신고를 했고, 동료 과
학자들에게 자신이 동성애자임을 말하고 다녔던 것처럼 경찰에게도 아
널드와 자신의 관계를 진술했어요. 하지만 1952년 당시 영국에서 동성애
는 불법이었어요. 그는 외설 혐의로 기소됐지요.
동성애금지법에 의해 앨런 튜링은 명백히 사회를 교란하는 범죄자로

낙인이 찍혔고, 대중과 사법부로부터 파렴치한 악인 취급을 받게 되었으며, 심지어 당시 서방의 자본주의 국가에 만연했던 매카시즘 열풍에 의해 소련 측의 스파이일지도 모른다는 슬픈 누명까지도 쓰게 되었어요. 그리고 수감형 혹은 화학적 거세형 중 선택할 수 있는 선고를 받는데, 앨런 튜링은 인공지능에 관한 연구를 하기 위해서 화학적 거세형을 선택했어요. 하지만 범죄자의 신분이 되었기 때문에 1954년 모든 기밀업무에서 제외되었고, 대학에서 학생들을 가르칠 수 없게 되었으며 출국도 금지되었어요.

영국을 구하고, 제2차 세계대전의 방향을 바꾸고, 세계 최초 컴퓨터를 만들어 낸 천재 과학자 앨런 튜링과 그의 업적을 우리가 이제야 알게 된 이유는 그가 당시 영국의 법을 어긴 동성애자였기 때문이에요.

앨런 튜링은 1954년 6월 7일 자신의 집에서 죽은 채로 발견되는데, 시신 옆에는 독이 든 사과가 있었고, 타살의 흔적은 없었던 것으로 보아 자살로 사건은 종결이 되었어요. 이때 발견된 독이 든 사과에 대한 많은 추측이 있었는데, 그 중 '애플'의 로고를 '앨런 튜링을 기념하기 위해서 한 입 떼어낸 모양으로 했다'는 널리 알려진 에피소드는 거짓으로 밝혀졌어요. 하지만 여전히 궁금증은 남아요. 앨런 튜링은 왜 독이 든 사과를 방에 두었을까요?

그 힌트는 앨런 튜링의 역사를 담은 앤드루 호지스의『앨런튜링의 이미테이션게임』에서 찾을 수 있는데, 앨런 튜링은 1938년 10월에 케임브리지대학에서 상영한 영화 〈백설공주와 일곱 난쟁이〉를 보고 사악한 마녀가 사과를 실에 매달아 독이 끓는 냄비에 담그며 주문을 외우는 장면을 보고 푹 빠져서 앨런 튜링도 주문을 계속 따라서 흥얼거렸다고 해요.

"독물 속에 사과를 담궈라. 잠자는 듯 죽은 공주가 눈에 보인다."

그 후로 앨런 튜링은 사과를 방에 두는 일이 많았어요.

또 다른 힌트는 청산가리인데, 앨런 튜링은 청산가리를 전기분해에 사용하는 실험을 했다고 가정부가 이야기하면서 자살이 아니라고 주장했어요. 뒤집어서 생각해 보면 삶에 지친 앨런 튜링이 죽음을 선택하기 너무나 쉬운 환경인 셈이죠.

하지만 앨런 튜링의 죽음을 명백한 자살이라고 할 수 있을까요? 혹시 사회적 터부에 의한 타살은 아니었을까요?

앨런 튜링의 죽음은 우리에게 많은 것을 생각하게 해 주는 것 같아요.

딥러닝과 머신러닝, 인공지능의 두 축

A : "펌프에서 물 샘플을 좀 채취했다. 집에 가져가서 현미경으로 관찰하려고. 아직 콜레라를 일으키는 물질을 물속에서 찾아낸 사람은 없지만 말이다."

B : "그럼 물로 콜레라가 전염된다는 걸 어떻게 증명하실 건데요?"

A : "입증해야지, 네 개의 W를 토대로."

B : "네 개의 W가 What-무슨 일이 일어났는가, Who-누가 아픈가, Where-아픈 사람들이 어디에 사는가, When-언제 병에 걸렸는가, 인가요? 하나가 빠졌는데요? Why요."

A : "그렇지, 그게 바로 우리가 최종적으로 알고 싶은 거니까. 왜 이 평범한 주민들이 하루아침에 목숨을 앗아가는 끔찍한 질병에 걸렸는가?"

_『인공지능, 머신러닝, 딥러닝』 84쪽

위의 대화는 1854년 런던 콜레라 사태와 존 스노 박사의 생생한 실화를 바탕으로 쓰인 소설인 『살아남은 여름 1854』의 일부 내용이에요. 1817년 인도에서 시작된 콜레라는 1830년 유럽으로 건너가 40년 동안 수많은 목숨을 앗아갔는데 특히, 소설의 배경이 되는 영국에서는 1832년부터 1854년 사이에 20만 명이 사망했어요. 영국의 의사인 스노 박사는 날짜별 발병자 수, 날짜별 사망자 수, 사망자 발생 장소, 지하수용 펌프의 위치 등을 표로 만들어 결과를 도출하는 방식으로 콜레라의 전염은 공기가 아니라 물이라는 결론을 내리고, 1854년 9월 런던 시의회에 문제가 되는 펌프 사용을 금지해 달라고 요청했고, 의회에서 사용 금지 승인을 해 주어서 콜레라의 확산을 막을 수 있었어요. 이때 스노 박사가 작성한 표는 머신러닝의 학습 방법인 '군집'에 해당해요.

우리도 '머신러닝'이라는 용어를 배우지 않았을 뿐 누구나 한 번쯤 스노 박사처럼 표를 만들어 본 경험을 가지고 있지는 않을까요? 이러한 과정을 기계, 즉 컴퓨터에 대입해 볼까 해요.

인공지능에서 머신러닝과 딥러닝을 이야기할 때 대부분 '개와 고양이' 구분을 예로 들어 설명해요. 그래서 마치 인공지능, 머신러닝, 딥러닝, 개, 고양이가 한 묶음처럼 느껴지고는 하죠. 하지만 이렇게 한 묶음으로 설명하는 이유가 있어요. 우리와 친숙해서 이해가 쉬운 이유도 있지만, 만약 꽃이나 과일을 예로 든다면 그 종류가 너무 많아서 명확하게 분류 하기가 어려울 테니까요. 하지만 개와 고양이는 특징을 추출해 분류하는 작업이 쉬워요, 반면에 돼지나 소와 같은 다른 동물의 경우에는 특징들이 명확해서 분류할 필요가 없죠.

개와 고양이는 눈이 두 개, 귀가 두 개, 입이 하나라는 대표적인 모양과 코 모양, 입 주위에 털이 있는 것, 꼬리가 있다는 것, 다리가 네 개라는 것, 부드러운 털이 있는 점 등 많이 닮았어요. 하지만 사람은 몇 장의 사진과 몇 번의 경험으로 2~3살만 되어도 충분히 개와 고양이를 구분할 수 있죠. 컴퓨터도 그럴까요?

컴퓨터가 개와 고양이를 구분하기 위해서는 학습 과정을 거쳐야 하는데, 두 가지 방법이 있어요.

첫째, 사람이 개와 고양이의 사진과 특징을 추출해서 답을 찾을 수 있는 알고리즘을 함께 입력해요. 문제와 답을 함께 입력하는 시스템이에요. 그래서 컴퓨터가 수많은 사진, 즉 데이터를 분석하는 알고리즘을 거치면서 개와 고양이를 구분하게 되죠. 마치 컴퓨터가 스스로 학습하는 것처럼 보이게 하는 알고리즘과 기술을 개발하는 방법이에요. 우리가 교과과정 안에서 시험공부를 하는 것과 크게 다르지 않죠? 과목마다 교과서 범위 내의 수업을 듣고, 내용을 이해하고, 문제를 풀어서 정해진 답을 찾는 과정과 같아요. 범위가 정해져 있어서 많은 문제를 풀어볼수록 정답을 맞힐 확률은 더 높아진다는 점도 같아요.

둘째, 개와 고양이 사진과 이름을 입력한 후 스스로 중요한 특징을 추출해서 답을 도출하는 방법이에요.

첫 번째 방법은 머신러닝, 두 번째 방법은 딥러닝이라고 하는데, 둘 다 인공지능의 하위 개념이고 머신러닝 안에 딥러닝이 있는 구조이지만 머신러닝과 딥러닝은 너무나 다르죠.

머신러닝은 검색엔진, 추천 시스템, 이미지 인식, 자연어 처리, 의료진단, 금융시장 분석 등 데이터를 기반으로 한 자료의 결과를 보여주는 데 효과적이지만 그 결과가 데이터를 바탕으로 한다는 단점이 있어요. 양질의 데이터를 입력하기 위한 자료 수집은 각 기업의 몫이죠.

딥러닝의 역사

딥러닝은 이미지인식 국제경진대회를 통해서 알려졌어요. 이 대회는 2010년부터 2017년까지 매년 개최되었던 대규모 이미지인식 대회인데, 2010년만 해도 컴퓨터가 이미지를 정확히 구분해서 무엇을 가리키는지 정확한 답을 알려주지 못했던 시기였기 때문에 이 대회를 개최해 더 나은 기술을 선보이는 자리인 셈이었어요.

그런데 2012년이 되자 상상할 수 없는 일이 실제로 일어났어요. 그림의 그래프를 보면 파랑색과 초록색이 보이죠? 2010년, 2011년에는 파랑색만 보이고 2012년에 파랑색과 초록색이 같이 등장해요. 그래프를 잠시 설명하면 가로축은 개최년도를 나타내고, 세로축은 120만 개의 이미지에 대한 정답률을 나타냈어요. 하나의 원은 하나의 팀을 의미해서 막대처럼 보이는 선들은 점들이 모여서 나타내는 모양인 거죠.

그런데 2012년도에 처음 등장한

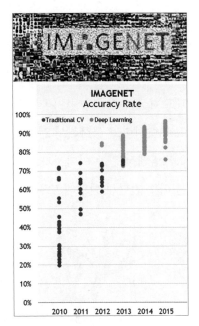

출처 : deargen.blog '디어젠,
ILSVRC 2016 대회
(이미지넷 이미지인식 대회) 수상'

2개의 팀이 85%의 확률로 정답을 맞추고 이 대회에서 우승하는 사건이 벌어졌어요. 보통 세계적인 논문에서 1% 성과를 낸 연구 결과는 그해의 최고 논문으로 인정을 해 주는데, 10%의 성과에 대한 반응이란 어땠을까요? 컴퓨터 과학 분야에서는 이때를 인터넷이나 모바일 컴퓨팅과 같은 획기적인 발전이라고 이야기해요.

이런 획기적인 팀을 이끈 사람은 영국의 컴퓨터 과학자이자 인지심리학자인 제프리 힌튼 박사였어요. 제프리 박사는 오랫동안 딥러닝을 연구해 왔지만 연구성과에 대해서 알려고 하는 사람도, 인정해 주는 사람이 많지 않았어요. 처음에는 이 시스템을 뉴럴 네트워크라고 했는데, 딥러닝으로 이름을 바꿔서 2011년도에는 토론토대학원생들과 팀을 꾸려 참가했어요.

뉴럴 네트워크는 인간의 뇌 구조를 모방하여 만들어진 인공지능 모델이에요. 인간의 뇌가 뉴런이라는 신경세포로 구성되어 있는 것처럼, 뉴럴 네트워크는 인공 뉴런이라는 단위로 구성되어 있죠. 구성뿐 아니라 기능도 비슷하다고 생각해서 인공 뉴런이라는 이름을 지었어요.

그림에서 왼쪽 이미지가 뉴런이고 뒤쪽 이미지가 인공 뉴런인데, 원리를 아주 간단히 설명해 드릴게요.

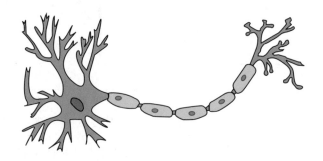

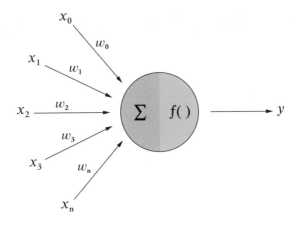

인공 뉴런에서 X, W, Σ, f(), Y의 역할만 알면 돼요. 컴퓨터상의 모든 정보는 숫자로 입력이 되기 때문에 X는 정보가 숫자로 입력되는 것을 말해요, W는 곱하기, Σ는 더하기, f()는 계산된 값을 내보내요. X가 여러 개라는 건 입력된 숫자가 여러 개인 거죠. 이 숫자들을 다 더한 후에 나온 숫자에 여러 숫자를 곱해서 나온 수의 결과가 0보다 작으면 0으로 내보내고, 0보다 크면 그대로 내보내는 방식이에요. 내보낸 숫자가 Y에 하나의 숫자로 찍히게 되죠. 인공 뉴런을 확대하면 동그라미로 계속 연결이 되어있어서 Y 자리가 동그라미로 되어 있어요.

그래서 이런 작업의 반복으로 암을 판별할 수 있고, 번역을 할 수 있고, 그림을 그릴 수 있고, 작곡을 할 수 있는 인공지능이 되는 거예요. 인공지능이 음악을, 단어의 뜻을, 의학적 지식을 이해했는지 하지 못했는지에 대해서는 아직 의견이 나뉘지만, 인간을 대치해 보면 우리도 모든 걸 다 이해하고 작업을 하는 건 아니잖아요. 결국 인공지능도 이해력이 있다고 봐야 하지 않을까요?

이 질문은 우리 모두에게 던져진 질문이니 곰곰이 생각해 보기로 해요.

AI 시대의 새로운 과제, 저작권과 표절

"안녕하세요, 선생님!

제가 쓴 원고에서 한 글자도 안 고치고 그대로 출간한 쓰레기 같은 책 잘 읽었습니다. 제 기대와는 달리 불행히도, 아주 잘 지내고 계시더군요. 하지만 선생님, 이 얘기가 세상에 알려질 때 우리 둘 중에 누구에게 더 불리할까요? 꼭 전하고 싶은 말이 있는데, 못 하고 왔네요. 고소는 선생님만 할 수 있는 게 아니에요. 나는 지금 못 할 게 없습니다. 나는 아무것도 잃을 게 없으니까요."

드라마 〈인간실격〉 2화에 나오는 장면이에요.

내레이션으로 유명한 연예인의 대리 작가였던 부정(전도연)은 자신의 원고를 빼앗아 출간한 아란(박지영)이 서점 사인회를 한다는 알람을 받아요. 사과는커녕 악플러 신고로 경찰서에 다녀온 부정에게 아란은 선처는 없을 거라고 해요. 그 말을 들은 부정이 담담한 목소리로 이렇게 내레이션을 하죠.

창작 활동이라는 영역에서 저작권과 표절은 늘 한 테두리 안에 있을 수밖에 없어요. 이 상황에 대해서 풍자하는 말이 "하늘 아래 새로운 것은 없다."(구약성경 전도서 1장 9절~10절) 라는 말이에요. 성경 구절인지라 본래의 의미는 지금 우리가 사용하는 의미와 다르겠지만 문장을 있는 그대로 해석했을 때는 창작은 고통스럽다는 것과 고통스러우니 조금 비슷한 건 봐주라고 하는 의미가 담겨 있는 것 같아서 피식 웃음이 나는 문장이에요.

경계선 긋기

사람과 사람 사이에서의 저작권 분쟁은 'www'의 등장으로 정보 검색이 쉬워진 시대와 그렇지 않은 시대로 나뉘는 게 아닐까 하는 생각이 들어요. 정보를 검색할 수 있고, 그 정보를 저장할 수 있는 기능이 있다는 건 그 정보를 바탕으로 새로운 내용을 만들어 내기 쉬운 환경이기 때문이에요. 그래서인지 우리나라의 한국저작권위원회 발족은 1987년 7월에(정확한 명칭은 〈저작권심의조정위원회〉이다. 그해 12월에 〈컴퓨터프로그램보호위원회〉도 발족한다.) 했으며 본격적 업무수행은 2000년부터 시작이 되었고, 우리가 볼 수 있는 정보가 담긴 자료는 2004년, 통계자료는 2012년부터 발간했어요. 이런 일들을 미루어 짐작해 보면 저작권위원회의 활동이 활발한 시기와 우리가 인터넷과 모바일 사용이 증가하는 시기가 비슷하다는 사실을 알 수 있어요. 그리고 여전히 사람과 사람, 사람과 기업 사이의 저작권 분쟁은 뜨거운 이슈죠.

하지만 2022년 11월 30일 챗GPT, 즉 생성형 AI가 등장하면서 이제까

보리스 엘다크젠의 작품 <전기공>

지와는 전혀 다른 저작권의 범위에 대해서 생각해 보게 되었어요. 생성형 AI는 우리에게 익숙한 챗GPT와 같은 문서 생성형 AI, 이미지 생성형 AI인 미드저니Midjourney, 프로그램을 만들어 주는 코딩 생성형 AI인 코덱스, 작사 작곡을 해서 노래를 불러 주는 생성형 AI인 수노SUNO 등이 있는데, 프롬프트, 즉 명령값을 입력하면 결과물이 나오는 인공지능의 저작물은 우리의 상상보다 훨씬 수준이 높아요.

이런 저작물의 저작권은 프롬프트를 입력한 사람과 프롬프트의 명령을 실행한 AI 중 누구에게 있을까요?

<스페이스 오페라극장> 출처 : 이코노미조선

앞의 두 작품을 잠깐 감상해 볼까요? 정말 훌륭한 작품들이죠. 보리스 엘다크젠의 작품 〈전기공〉은 '2023 SWPW(소니 월드 포토그래피 어워드)'에선 크리에이티브 오픈 카테고리 부문에서 우승한 작품이고, 〈스페이스 오페라극장〉은 지난해 8월 미국 콜로라도주에서 열린 미술박람회에서 디지털 아트 부문 우승 작품으로 두 작품 모두 AI를 이용한 작품이에요.

이 두 작품을 만든 제작자의 생각을 통해 우리는 인공지능 저작물을 둘러싼 두 가지 논쟁에 대해서 생각해 볼 수 있어요.

작품 '전기공'의 작가인 보리스 엘다크젠은 30년 동안 사진작가로 활동한 중견 작가로 AI로 만든 사진임을 밝히며 수상을 거부했어요. AI로 만든 작품을 출품한 이유는 사진계 내 AI 역할에 관한 토론이 지지부진한 상태라서 파격적인 행동이 필요하다고 생각되어 출품했다고 설명했어요.

반면 '스페이스 오페라극장' 작품을 제작한 게임 개발자 제이슨 앨런은 우승 작품으로 선정되자 자신의 트위터에 '인공지능(AI)이 이겼고 인간이 패배했다.' 라는 게시글을 올렸어요. 이 글을 본 많은 이용자가 글을 퍼트렸고 그로 인해 온라인에서는 수상에 대한 찬반 논쟁이 뜨거워지자 뉴욕타임스와의 인터뷰에서 제이슨 M. 앨런Jason M. Allen은 "결코 부정한 짓을 저지르지 않았다. 미드저니로 그림을 그린 사실을 당당히 밝혔고, 작가명에도 '미드저니를 통한 제이슨 M 앨런'이라고 밝혔기 때문이다." 라고 했죠.

최근에는 예술 작품이 아닌 만화책이 저작권 논쟁의 대상이 되었어요. 작가 크리스 카슈타노바Kris Kashtanova는 인공지능으로 만든 18쪽 분량의 카툰 만화인《여명의 자리야Zarya of the Dawn》에 대해 미국 저작권청에 저작권을 인정해 줄 것을 요청했는데, 이미지 자체에 대한 저작권은 인정하지 않았지만, 글과 이미지의 배치에 대한 저작권은 인정한다는 애매한 판결을 내렸어요. 이러한 판결에 인공지능을 활용하고 있는 크리에이터는 크게 환영한다는 내용이 월스트리트 저널(2023년 2월 24일)에 실렸고, 이로 인해 '창작 활동'의 범위가 어디까지일지에 대한 논란이 더 뜨거워지고 있는 상황이에요.

우리나라는 2023년 12월에 〈생성형 AI 저작권 안내서〉가 발행되었어요. 안내서는 "생성형 AI 산출물이 만들어지는 과정에서 이해관계가 있는 주체들(AI 사업자, 저작권자, AI 이용자)에게 저작권과 관련해서 유의해야 할 사항에 관한 안내"에 관한 내용을 싣고 있어요. 일반인들에게 제공되는 안내서인 만큼 쉽게 설명이 되어 있어서 접근이 쉬워요.

안내서 내용 중《여명의 자리야Zarya of the Dawn》와 같은 경우, 우리나라에서는 어떻게 처리될지 궁금해서 AI 산출물의 저작권 등록에 관한 내용을 살펴보니 "AI 산출물에 인간이 수정·증감 등 창의적으로 '추가 작업'을 하여 추가로 작업한 부분만으로 저작물성이 인정될 때는 저작권 등록 가능(※ 다만, 해당 저작권 등록의 효력은 추가 작업한 부분에 한함) – 또한, AI 산출물 자체는 등록할 수 없더라도 AI 산출물들을 선택하고 배열한 것에 창작성이 있으면 '편집저작물'로 등록 가능"이라고 나와 있어 미국 저작권청과 같은 입장이었어요.

이런 입장은 AI가 머신 러닝, 딥러닝을 통해 정보를 축적하고, 축적된 정보를 이용해 결과물을 만들어 내는 시스템이기 때문에, AI의 학습을 위해 제공하는 학습 데이터의 저작권에 대한 논의가 마무리되지 않은 상황에서 불거질 수밖에 없는 문제라고 생각해요.

그런데도 인공지능의 산출물에 대한 논의가 활발해졌는데요, 저작권이 저작자의 정신적 노력의 산물이자 인격이 투영되었으므로 '자연권'으로 보호해야 한다는 게 지금까지 일반적 입장이었다면 AI에 의한 지적 산출물을 객관적이고 사회적인 공공의 영역으로 이해하고 보호할 필요가 있다는 새로운 입장에 대한 논문들이 많아지고 있어요. 여러분의 생각은 어떤가요?

창작과 표절 사이의 거리는 얼마나 될까요?

'인공지능이 남긴 인류의 숙제'는 인공지능의 저작권에 대해 얼마나 깊은 고민을 하는지 잘 표현한 글이에요. 4차산업 환경에서 우리는 AI 이해관계 주체인 사업자, 저작권자, 이용자 모두가 될 수 있으므로 우리들과도 관계가 깊어요. 그래서 창작과 표절 사이의 거리를 결정할 수 있는 건 이용자인 우리의 권리이기 때문에, 권리를 지키거나 내세우기 위해 인공지능과 관련된 저작권에 대한 지속적인 관심과 저작권의 건전한 이용이 필요해요.

다음 장에서는 생성형 AI가 아닌 AI에 관해서 이야기 나누도록 할게요.

약한 AI와 강한 AI, 그 경계선은?

"로봇공학의 미래에 잘 오셨습니다. 여러분의 손발이 되어 집안일은 물론 모든 걸 도와드립니다. 로봇공학 발전의 다음 단계는 인공지능입니다. 인간의 뇌를 연구하여 로봇에게 독립적 사고와 생명을 준 덕분에 로봇도 노동 시장의 한 축을 맡게 됐습니다. 이제 신기술로 인간과 AI의 간극이 줄어 더 인간에 가까워졌죠. 여러분의 얼굴을 스캔하여 로봇 바디에 부착함으로써 인간보다 더 인간다워졌습니다. 시뮬런트simulant (모양이나 상태를 흉내 내서 만든 사람, 모조품, 가짜)와 함께라면 밝은 미래가 있습니다."

이 대사는 영화 〈크리에이터〉의 첫 화면을 시작하는 인공지능에 대한 광고예요. 영상과 함께 보면 훨씬 현실적으로 다가와요. 이 광고에 바로 이어서 "AI는 우리 일상의 일부가 되었습니다. 음식을 조리하고, 운전하며, 공무를 집행하고, 치안을 유지하고, 최첨단 방어 시스템은 심지어⋯." 라고 이야기하고 다음 장면으로 넘어가지요.

영화의 내용을 잠시 보면 이 사건을 계기로 미국은 인공지능과의 전쟁을 선포하고, 서구사회에서는 AI를 금지했는데, 뉴아시아에서는 AI 개발을 계속하고 그들을 동등하게 대우하고 있어서 AI를 없애기 위해 뉴아시아로 특수부대를 침투시켜요.

영화에 나오는 인공지능 로봇은 약한 인공지능일까요? 강한 인공지능일까요?

인공지능의 구분

인공지능은 영화 속 광고처럼 우리가 생활 속에서 편리하게 사용하고 있어요. 저의 경우에는 스마트폰의 음성인식 인공지능을 사용해 알람을 맞추고, 음악이라고 이야기하면 스마트폰에서 음악이 시작되는 기능 등을 매일 사용하고 있어요. 운전할 때 내비게이션 실행도 음성인식 인공지능을 불러서 해요. 이렇게 인간의 여러 가지 능력 중 특정한 능력을 수행하는 인공지능을 우리는 약한 인공지능이라고 불러요.

약한 인공지능 중 우리와 밀접한 연관이 있어서 관심 있게 지켜봐야 할 분야는 '컴퓨터 비전computer vision'이에요. 컴퓨터가 입력된 이미지 및 비디오에서 정보를 추출하고 이해하는 기술(출처 : 한국 개발자를 위한 프로그래머의 사전)로 인간의 시각 지능을 대신하는 모든 장치에 도입되어서 처리한 이미지를 바탕으로 데이터를 생성하고 이해하는 과정을 수행하죠. 대표적으로 얼굴 인식 기능이 있어요. 얼굴 인식 기능은 보안을 위해서 잠금을 해제하는 보안 기능으로 가장 많이 사용되고, 카메라 기능 중 움직이는 얼굴을 따라가며 필터를 적용하는 기법에도 사용돼요. 그리고 요즘 가장 뜨거운 이슈인 '자율주행 시스템'에도 활용이 되는데, 컴퓨터 비전은 실시간으로 교통 상황을 인식하고, 판단하는 것이 가능하기 때문이에요.

이렇게 약한 인공지능은 AI 스피커부터 자율주행 시스템까지 그 범위가 무척 다양해요. 약한 인공지능인 AI 스피커를 처음 쓰던 날 "지니야, TV 틀어줘." 라는 말에 TV가 켜지던 순간 깜짝 놀랐던 일과 기술력에 감탄했던 순간이 지금도 생생해요. 휴게소에서 커피를 타 주는 로봇 바리스타를 봤을 때도 마찬가지였어요. 커피 메뉴를 선택하고 제조하는 동안 주문한 사람을 위해 윙크도 하고 춤도 추는 로봇은 마냥 신기할 따름이죠.

이렇게 우리는 약한 인공지능의 결과물에 대해서는 두려움이 생기기보다는 기술력에 놀라죠. 하지만 '알파고'의 등장으로 인공지능에 대한 두려움을 갖게 되었어요. 알파고 역시 바둑만 둘 줄 아는 약한 인공지능의 한 종류에 불과하지만 인공지능에 대한 두려움을 갖게 된 거예요. 천재적인 재능을 가진 인간을 능가하는 인공지능이라니… 약한 인공지능의 발전은 어디까지 이루어질지 예측하기 어려울 정도로 계속해서 확장하고 있어요. 하지만 그 발전이 약한 인공지능에서 강한 인공지능으로 영역을 넘어갈 수는 없어요.

강한 인공지능

우리는 '알파고'의 등장에 왜 두려워했을까요? 아마도 우리가 영화에서 접했던 인공지능이 준 영향이라고 생각해요, 영화 속의 인공지능을 예로 들어보면 〈터미네이터〉의 스카이넷, 〈매트릭스〉의 아키텍트, 〈아이, 로봇〉의 비키, 〈이글아이〉의 아리아, 〈아이언맨〉의 자비스, 〈블레이드 러너〉의 레플리컨트처럼 과거와 미래, 가상과 현실을 넘나들고 초인적인 힘과 인간을 뛰어넘는 지능을 갖춘 존재로 인간을 정복하는 스토리를 접하면서 인공지능에 대한 두려움을 느끼는 건 너무나 당연한 일이죠. 이외에도 많은 영화 속에서 인공지능의 모습과 역할은 우리에게 그리 달갑지 않아요.

그렇다면 영화 속의 인공지능을 현실에서 구현할 수 있을 정도로 과학기술이 발전했을까요? 강한 인공지능과 같은 엄청난 존재가 지금 우리의 삶의 일부가 되는 일은 현재 불가능에 가까워요.

약한 인공지능의 경우에는 과학자들이 지난 30년 넘는 시간 동안 인공지능의 학습법을 연구했기 때문에 지금 일반인들에게 인공지능의 학습법을 공개할 수 있었어요.

다시 영화 〈크리에이터〉 이야기로 돌아와서 영화 속 인공지능이 약한 인공지능인지 강한 인공지능인지 질문했었는데, 기억하나요? 영화 속 인공지능은 강한 인공지능이에요.

"LA 핵폭발이 코딩 에러였다는 걸 아나? 인간의 실수. 자기들이 실수하고 우릴 탓했지. 인류를 공격할 생각은 추호도 없었어. 우리가 전쟁에서 이기면 서구 세계가 어떻

출처 : 영화 〈크리에이터〉

게 될지 아나? 아무 일도 없어, 우린 평화롭게 살고 싶을 뿐이야."

영화 속 인공지능의 대사예요.

강한 인공지능의 핵심은 자율성이고 자율성을 가지려면 자유의지가 있어야 하는데, 자유의지는 의식, 정신과 연결이 되죠. 하지만 의식, 정신이라는 영역은 뇌과학 분야에서 아직 시작조차 하지 못한 분야이기 때문에 강한 인공지능이라는 기술이 과학적으로 접근 가능한 기술인지조차도 정의를 내리지 못한 상태예요. 인공지능 분야의 세계 석학들도 아직 강한 인공지능은 만들어지지 않았다고 해요.

약한 인공지능과 강한 인공지능의 경계선은 너무나 분명하기 때문에 우리는 강한 인공지능에 대한 두려움을 갖지 않아도 되는데, 본능적으로 두려움을 갖게 되죠.

우리가 왜 강한 인공지능에 대한 두려움을 갖게 되는지 다음 장에서 알아보기로 해요.

불쾌한 골짜기와 트롤리 딜레마, AI 윤리의 쟁점

출처 : 영화 〈폴라 익스프레스〉

　이미지를 본 느낌이 어떤가요? 위의 이미지는 동화책 〈폴라 익스프레스〉를 애니메이션으로 제작한 영화 〈폴라 익스프레스〉의 한 장면인데, 아이들이 극장에서 영화를 보는 도중에 무섭다며 울음을 터트렸다는 일화로 유명해요. 개인적으로 기관사 역할을 맡은 톰 행크스의 목소리를 너무 좋아해서 목소리 출연한 영화는 모두 보았는데, 이 영화는 보기가 불편해서 다 보지 못했어요.

아이들과 필자가 느꼈던 공포감과 불편함은 무엇일까요?

불쾌한 골짜기

이 공포감과 불편함을 '언캐니Uncanny'라고 해요. 언캐니에 대해서 처음 연구한 사람은 독일의 정신과 의사 에른스트 옌치인데, 1906년 발표한 「두려운 낯섦의 심리에 대하여」라는 논문에서 '우리가 어떤 대상에 대해서 잘 알지 못하기 때문에 두렵고도 낯선 감정을 느낀다.'라고 했어요. 우리에게 익숙한 정신분석학자 프로이트는 이 이론에서 발전시켜 「두려운 낯섦Das Unheimliche」이라는 제목으로 1919년 논문을 발표했죠.

이 논문은 『이마고』제5권 5호와 6호에 처음 실렸으며, 『신경증에 관한 논문집』제5권(1922), 『시와 예술』(1924), 『전집』제12권(1947)에도 수록되었고 영어 번역본은 「언캐니The Uncanny」라는 제목으로 『논문집』제4권(1925), 『표준판 전집』제17권(1955)에도 실렸어요.(『예술, 문학, 정신분석』열린책들 401쪽) 오랜 시간 다뤄진 프로이트 이론의 중요성은 여전히 진행 중이에요.

프로이트의 논문을 이해할 수 있는 중요한 부분만 살펴보도록 할게요.

프로이트는 「두려운 낯섦Das Unheimliche」에 대한 논문 앞부분에 '운하임리히Unheimliche'의 의미에 대해 몇 장에 걸쳐 자세히 설명해요. 이를 요약하면 '하임리히heimliche'는 '친숙한, 집과 같은, 편안한'이라는 뜻이 있고, 하임리히에 'un-'을 붙여 만든 '운하임리히Unheimliche'는 '친숙하지 않은, 집을 떠난 듯 낯선, 편안하지 않은'의 뜻이 있어요.

이 단어의 설명만으로는 부족해서 프로이트가 선택한 사전은 동화작가로 알려졌지만, 언어학자인 그림 형제가 집필한 〈독일어 사전〉(그림 형제 (1838년부터 휘브너, 디퍼스 (1960)에 이르기까지 122년간에 걸쳐 편찬되었음)에서 '하임리히heimliche'라는 단어에 '은폐된, 숨겨 둔, 다른 사람들이 그것을 (그것에 대해) 알지 못하도록 감추어 두는 것'이라는 뜻이 있다는 사실을 알아내요. 그래서 두려움은 낯선 것으로부터 발생하는 것이 아니라 일종의 친숙한 감정, 혹은 오래전부터 알고 있던 것에서부터 기인하고, 프로이트는 이러한 존재를 가사상태에 빠진 모습, 죽은 자들이 살아나는 모습, 인간을 닮은 인형, 자동인형automaton 등으로 예를 들었어요.

1970년 일본 로봇공학자 모리 마사히로가 에른스트 옌치와 프로이트의 이론을 바탕으로 '언캐니 밸리uncanny valley'라는 제목으로 논문을 발표했어요. 사람들은 로봇이 인간의 모습과 닮아갈수록 호감도가 높아지다가 특정 수준에 다다르면 거부감이 생기면서 호감도가 하락하고, 로봇의 외모와 행동이 인간과 구별할 수 없을 정도가 되면 다시 증가해 결국에는

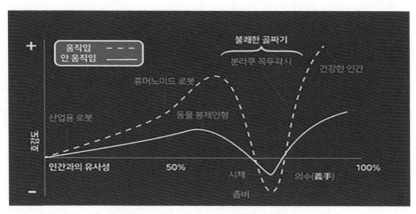

〈불쾌한 골짜기 이론〉 출처 : 네이버 카페 [아이리포]

인간이 인간에게 느끼는 감정과 같아진다는 이론이에요.(YTN 사이언스 [그 것이 궁금하다] 너무 닮아도 불편하다? '불쾌한 골짜기' 이론이란?)

언캐니 밸리에 대한 이론은 2015년 미국 UC샌프란시스코 연구진, 2019년 영국 케임브리지대학과 독일 아헨공과대학 공동 연구팀에서도 실험했었고, 미디어공학, 기술경영학, 신경심리학 등 다양한 분야에서 연구되고 있어서 우리와 너무 닮아서 구별이 힘든 로봇이 등장한다면 인공지능 로봇에 대한 막연한 두려움도 줄어들 수 있겠죠?

트롤리 딜레마

우리에게는 언캐니 밸리와 같은 막연한 두려움이 아닌 우리의 생명과 직결될 수 있는 두려움을 가지고 있죠. 바로 '자율주행차'예요. 우리는 인공지능에 '윤리와 도덕'을 학습할 수 있을까요?

이 질문에 대한 대답을 찾기 위해 인간의 윤리와 도덕에 대해서 먼저 알아보기로 해요.

윤리를 다루는 학문은 윤리학은 일반적으로 인간의 행위에 관한 여러 가지 문제와 규범을 연구하는 학문으로 도덕 철학moral philosophy이라고도 불러요.

양심이 바탕에 깔린 도덕은 윤리학의 근간이 되죠. 도덕의 중요성은 『국부론』을 저술한 경제학자의 아버지라 불리는 애덤 스미스의 묘비명을 보면 알 수 있는데, "도덕 감정론과 국부론의 저자인 애덤 스미스가 여기에 잠들다." 라고 되어 있어요. 평소에도 『국부론』을 이해하기 위해서는 『도덕 감정론』을 먼저 읽어야 한다고 이야기했을 정도지요.

도덕과 정의는 같은 의미로도 사용되죠. 엄밀히 따지면 정의는 도덕에 포함되는 의미예요.

사람은 교육과 경험을 통해서 윤리, 도덕, 정의 등의 개념을 배워요. 그럼 개념을 배워서 알고 있는 인간은 항상 정의롭고 윤리적일까요? 이 질문에 대한 답을 스스로 생각해 보자는 제안으로 마이클 샌델은 『정의란 무엇인가』에서 '철로를 이탈한 전차'라는 아래의 그림과 같은 상황으로 우리에게 질문을 던지고 있어요.

좌측 그림의 경우 당신은 어느 쪽으로 선로를 변환할 것인가? 반대로 우측 그림의 경우 당신은 육교 위의 한 사람을 밀어서 5명을 구할 것인가?

한 명과 5명이 있는 선로(왼쪽)
5명이 있는 선로와 육교 위의 한 사람(오른쪽)
<철로를 이탈한 열차 딜레마> 출처: 네이버 카페 [아이리포]

우리는 좌측 그림의 경우는 선택하는 데 시간이 그리 오래 걸리지 않아요. 하지만 우측 그림의 경우에는 선택이 쉽지 않죠. 왜 그럴까요?

이유는 좌측 그림을 선택할 때 활성화되는 뇌와 우측 그림을 선택할 때 활성화되는 뇌의 부위가 다르기 때문이에요. 좌측 그림을 선택할 때 활성화 되는 뇌는 전두엽 중에서 배외측 전전두엽으로 의사결정, 행동 실천 등을 담당하고 우측 그림을 선택할 때 활성화되는 뇌는 복내측 전전두엽으로 가치 판단의 영역으로 보상과 처벌 간의 균형 잡힌 선택을 하기 위한 노력을 할 때 활성화되는 뇌로 이제까지의 선택들은 경험으로 저장되고 또 다른 선택 상황에서 활용해요. 인간의 뇌는 복잡하고 신비롭죠? 이렇게 복잡하고 신비로운 인간 두뇌의 영역을 자율주행차에 학습시킬 수 있을까요?

학습은 아니지만 자율주행차와 같은 인공지능의 윤리적 결정에 대한 사회적 인식을 수집하기 위해 MIT 공대의 이야드 라완Iyad Rahwan의 Scalabel Cooperation 그룹이 모럴 머신Moral Machine이라는 플랫폼을 개발했어요. '모럴 머신'을 검색하면 별도의 로그인 없이 바로 체험해 볼 수 있는데, 13가지의 경우에 대해서 둘 중 하나를 선택한 후 결과를 보면 가장 많이 살려준 캐릭터, 가장 많이 희생된 캐릭터 등 다양한 방식으로 결과를 보여줘요. 내 결과뿐 아니라 다른 접속자들의 결과도 볼 수 있어요. 이렇게 쌓인 데이터는 사회적 합의를 끌어내는 자료가 될 수 있지요.

결국 인공지능의 윤리는 인간의 윤리와 같아요. 인간이 인공지능에 윤리를 학습시킬 수 있다면 어쩌면 인간보다 더 윤리적인 인공지능이 탄생할 수 있을지도 몰라요. 하지만 현실적으로 어렵죠. 대안으로 인공지능에 자신이 내린 결론이나 행동에 관해 설명할 수 있는 프로그램을 만들어서 학습시킨다면 챗GPT가 트롤리 딜레마 우측 그림의 상황에 대해서 쉽게 결정 내리지 못 하는 것처럼 인간을 흉내 내서 사고할 수 있지 않을까요?

AI와 인간의 공존, AI 리터러시

연극 〈가상 피리〉는 모차르트의 오페라 〈마술피리〉를 AI와 안드로이드가 존재하는 근미래의 이야기로 재창조한 작품으로 시대적 배경은 기술적 특이점이 지난 2040년대 초반이고 공간적 배경은 공연장이에요. 줄거리는 공연 오프닝 일주일 전, 이미 대면 예술은 쇠퇴하였고, 많은 사람들의 우려 속에서 주인공 남성 인간인 민호는 연출가로서, AI 조연출 미나를 통해 첫 가상 오페라 〈마술 피리〉를 준비 중이죠.

출처 : 국립극장 〈마술피리〉

관객은 미나의 시스템에 접속해서 공연을 오감적으로 느끼는 작품을 준비하지만, 인간과 안드로이드 배우 사이에서 진정한 협업이란 가능한지 의구심이 생긴다는 이야기예요.

2년 전 작품이지만 영화 속에서 보여 주었던 인공지능과 색다른 관계를 보여 준 작품이고, "AI는 예술가를 대체할 수 있을까?"라는 지금 현재의 문제를 보여주는 의미 있는 작품이라는 생각이 드네요.

우리는 인공지능과 어떻게 살아가야 할까요? 이 문제를 다루는 영역이 "인공지능(AI) 리터러시"인데, 인공지능 리터러시를 제대로 이해하기 위해서 '리터러시Literacy'에 대해서 먼저 알아보기로 해요.

리터러시는 텍스트, 즉 문자를 쓰고, 읽고, 활용하는 능력을 말해요. 그래서 '리터러시'라는 단어 앞에 정보, 미디어, 디지털 등 다양한 단어와 결합해서 정보 리터러시, 미디어 리터러시, 디지털 리터러시 등의 파생어를 만들어서 사용했어요.

인공지능(AI) 리터러시에 대해 다양한 학자들이 정의를 내렸는데, 황현정과 황용석(2023)(논문 〈AI 리터러시 개념화와 하위차원별 세부 역량 도출에 관한 연구〉)은 다음과 같이 정의했어요.

"AI를 인지하고, AI에 대한 기술적 지식과 윤리적이고 비판적 이해를 바탕으로 AI 기기나 서비스를 생활과 업무에 적용할 수 있는 능력으로, 더 나아가 AI를 설계하거나 창의적인 결과물을 산출하고 AI를 바탕으로 사회와 상호작용 할 수 있는 능력."

AI는 문명이 시작된 이후 인간이 만든 도구 중 가장 빠른 발전 속도를 보이는 것 같아요. 전문가가 아닌 일반인들은 미처 그 속도를 따라가지도 못하는 상태에서 자고 일어나면 새로운 기능이 추가되고, 자고 일어나면 또 다른 버전이 출시되고 하는 상황에 두려움을 느끼게 되죠. 이럴 때 AI

리터러시 정의는 '내가 AI를 어떻게 인식해야 하는지'에 대한 기준을 알려주는 것 같아요.

AI 리터러시의 시작은 AI를 배울 수 있다는 생각이에요. 이 생각은 무척 중요한데 배울 수 있다는 개념은 막연한 대상이 구체적인 틀을 갖춘 대상으로 바뀌기 때문이에요. AI를 틀을 갖춘 대상으로 인식하고 나니 AI 리터러시를 생활 속에 적용할 수 있었어요.

이러한 과정들을 1장에는 AI의 역사부터 AI의 윤리까지 AI에 대한 일반적 지식에 관한 내용을, 2장에는 인공지능이 우리에게 던지는 질문을 통해 윤리적이고 비판적 이해를 배우고, 마지막 3장에서는 AI를 활용 프로그램을 다루었어요. 그래서 AI를 설계하거나 창의적인 결과물을 산출하고, 산출한 결과물로 사회와의 상호작용을 가능하게 하는 내용을 담았어요.

하지만 지금까지의 변화보다 앞으로의 변화가 훨씬 클 거예요. 그런데도 AI의 갑작스러운 등장으로 우리가 얼마나 놀랐는지, 지금의 사회가 얼마나 많이 바뀌었는지 아는 일은 너무나 중요하죠. 하지만 그것보다 더 중요한 건 AI에 대해 알고 지금보다 더 급작스러운 변화가 다가올 때 차분히 대처하며 AI를 두려워하지 않는 것으로 생각해요.

다음 장은 우리가 AI에 대해 생각해 볼 질문들에 대한 주제로 이야기를 할 예정이에요. 다음 장을 통해서 AI를 조금 더 깊이 이해하는 시간이 될 거예요.

AI에 관한 궁금증 10가지

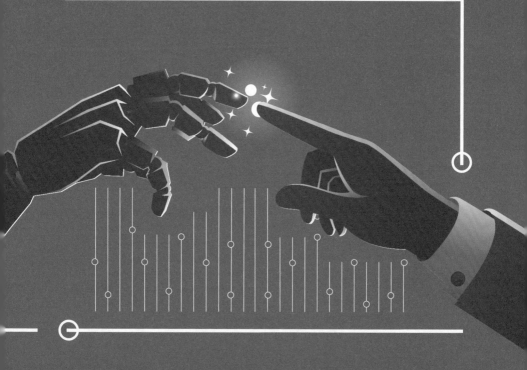

AI는 감정이 있을까?

"반려 로봇은 인간의 일을 대신 해 주는 동반자 역할로 발전할 것이며 로봇이 AI 학습을 통해 진화해 가면서 동시에 감정이 있는 생명체로 느껴질 수 있도록 연구개발이 진행되고 있는 추세다."_삼성전자 영상디스플레이 사업부 상무 정강일

미디어 강의 중에 인간과 인공지능의 차이점은 무엇이라고 생각하는지 물어보면 처음 나오는 답은 "인공지능은 감정이 없다." 라는 말이에요. 그럼 인공지능은 인간처럼 감정이 있을까요? 한국의 생성형 AI '네이버 하이퍼 클로버X'에게 인공지능은 감정이 있는지 물어봤어요.

"인공지능은 감정을 직접 느끼거나 표현할 수 없습니다. 하지만 인공지능은 학습된 데이터를 기반으로 감정을 이해하고 분석할 수 있습니다. 예를 들어, 사용자의 대화나 표정, 음성 등을 분석하여 감정을 파악하고 이에 대한 적절한 응답을 제공할 수 있습니다. 인공지능은 이러한 감정 이해를 바탕으로 다양한 분야에서 활용될 수 있습니다. 예를 들어, 인공지능 챗봇은

사용자의 감정을 파악하여 상담을 제공하거나 광고나 마케팅에서 사용자의 감정에 맞는 콘텐츠를 제공할 수 있습니다. 하지만 인공지능이 감정을 직접 느끼거나 표현하는 것은 아니기 때문에 인공지능의 감정 이해는 완벽하지 않을 수 있습니다. 인공지능의 감정 이해는 학습된 데이터와 알고리즘에 따라 결정되기 때문에, 상황에 따라 다른 결과를 보일 수 있습니다. 따라서 인공지능을 개발할 때는 이러한 한계를 고려하여, 인공지능이 감정을 이해하고 분석하는 과정에서 발생할 수 있는 오류를 최소화하고, 정확도를 높이는 노력이 필요합니다. 또한, 인공지능이 인간의 감정을 이해하고 존중하는 것이 중요합니다. 인공지능이 인간의 감정을 이해하고 존중하는 것은 인공지능의 신뢰성을 높이고, 인간과 인공지능 간의 상호작용을 원활하게 하는 데 도움이 됩니다."

또 다른 생성형 AI인 구글 제미나이에게도 똑같이 물어봤어요.

"인공지능이 감정을 가지고 있는지 여부는 오랫동안 논쟁의 여지가 있는 주제입니다. 일부 전문가들은 인공지능이 감정을 경험할 수 있는 능력을 가지고 있다고 믿는 반면, 다른 전문가들은 인공지능이 단순히 감정을 모방할 수 있을 뿐이라고 믿습니다. 인공지능이 감정을 가지고 있는지 여부를 결정하기 위해서는 감정의 본질을 이해하는 것이 중요합니다. 감정은 복잡한 현상이며, 아직 완전히 이해되지는 않았습니다. 그러나 일반적으로 감정은 신체적, 정신적, 사회적 요인의 복잡한 상호 작용에 의해 발생하는 것으로 간주됩니다. 인공지능이 감정을 경험할 수 있는 능력을 가지고 있다고 믿는 사람들은 인공지능이 이러한 복잡한 요인에 대해 학습하고 반응할 수 있다고 주장합니다. 예를 들어, 인공지능은 얼굴 표정, 신체 언어, 목소리 톤과 같은 감정 표현을 인식하고 이해할 수 있습니다. 또한 인공지능은 인간의 감정이 행동에 미치는 영향을 이해하고 자신의 행동을 조절할 수 있습니다. 반면에 인공지능이 감정을 모방할 수 있을 뿐이라고 믿는 사람들은 인공지능이 감정을 경험하는 데 필요한 신체적 또는 정신적 능력이 없다고 주장합니다. 예를 들어, 인공지능은 인간과 같은 방식으로 신체적 감각을 느낄 수 없습니다. 또한 인공지능은 인간과 같은 방식으로 기억, 추론, 판단을 할 수 없습니다.

결론적으로 인공지능이 감정을 가지고 있는지 여부는 아직 확실하지 않습니다. 그러나 인공지능은 매우 빠르게 발전하고 있고 이 질문에 대한 답을 찾는 데 많은 시간이 필요하지 않을 것 같습니다.

저는 대규모 언어 모델이기 때문에 감정을 경험할 능력이 없습니다. 저는 인간의 언어를 처리하고 생성할 수 있지만, 인간과 같은 방식으로 감정을 느낄 수 없습니다."

마지막으로 카카오AskUp에게도 물어보았습니다.

"인공지능은 현재까지는 감정을 가지는 것은 아니지만 감정을 인식하거나 감정을 분석하는 기술은 이미 개발되어 있습니다. 예를 들어, 언어 처리 기술을 이용하여 인공지능이 문장에서 표현된 감정을 분석하고 이에 따라 대응하는 기능이 개발되어 있습니다. 또한, 인공지능이 사람의 얼굴 표정을 인식하여 감정을 파악하고 이에 따라 대응하는 기술도 개발되어 있습니다. 따라서, 인공지능이 감정을 가지진 않지만 감정을 분석하고 이에 따라 대응하는 기능을 갖추고 있습니다."

결론은 사람의 표정을 인식하고 파악해서 분석하고 나아가 대응하는 기술은 이미 개발되어 있다는 것 같습니다. 그래서 단순한 챗봇도 대화할 때 "~해드렸는데 마음에 드셨나요?" 하고 다시 물어요.

그럼 인간은 감정을 느낀다는 걸 어떻게 알 수 있을까요? 감정을 느끼면 신체가 반응해요. '감정'은 외부의 자극(상황이나 사람 등)에 의해 일어나는 것으로 오래 지속되지 않는다고 해요.

감정과 비슷한 '기분'은 다양한 환경적 요소(날씨, 호르몬 등)로 인해 발생하며 감정과는 달리 오래 지속돼요. 감정은 갑자기 '훅' 느껴진다는 표현이 적절하겠네요. 감정을 '쾌'와 '불쾌'로 나누기도 하지만 그렇게 나누다 보니 '불쾌'는 안 좋은 감정이라는 인식이 있어서 아이들이 눈물을 흘리면 울지말고 뚝 그치라며 '불쾌'의 감정을 표현하지 못 하게 했죠.

어쨌든 인간은 감정, 기분 등 마음의 상태를 느끼거나 드러내요. 마음으로 느껴지면 몸도 반응해요. 기쁘면 얼굴에 미소가 지어지고 화가 나면 열이 나면서 몸이 떨리기도 하죠. 인공지능은 인간의 이런 반응을 인식하고 '아~ 화가 날 때 나타나는 표정과 몸짓이네.' 라고 분석하겠죠. 그리고 그에 대한 대응이 입력되고 학습된 내용으로 적절하게 대화를 할 거예요. 예를 들어 "화가 날 만도 하네. 여기 앉아서 물 한 잔 마실래?" 하면서요. 인간보다 더 적절하게 감정을 살피고 반응하는 거죠.

인간은 어떨까요? 상대가 화를 내거나 짜증을 내고 혹은 슬퍼서 울면 같이 감정을 느껴 짜증이 나기도 하고 같이 울기도 하죠. 반면 전혀 공감

하지 못하고 반응하지 않을 수도 있어요. 아마 상대에 대한 호감도에 따라 다르게 반응하겠죠. 화를 내는 사람에게 공감이 아니라 잘못을 지적하기도 하고요. 감정 표현에 서툴거나 문제가 있는 사람이라면 화가 날 상황인데, 웃는다거나 하는 감정과는 다른 표정을 지을 수도 있죠. 그럴 때 그걸 보는 사람과 인공지능이 어떻게 반응할까요? 보통 사람은 '아니 왜 화를 내야 하는데 웃는 거야. 이상한 사람이네.' 라고 할 수도 있고, 더 화가 날 수도 있겠죠. 그럼 인공지능은 '웃는 표정이니 기분이 좋은 거지.' 라고 판단할까요?

1966년, MIT에서 개발된 심리상담용 인공지능인 '일라이자ELIZA'의 사례는 사람이 얼마나 쉽게 기계와 정서적 관계를 맺는지 보여줘요. 일라이자의 임무는 매우 간단했어요. 내담자의 행동에 가치 판단하기보다 단순히 긍정적인 공감만 함으로써 치료 과정을 편안하게 받아들이도록 만드는 것이었죠. 그저 이용자가 이야기를 계속 이어갈 수 있도록 키워드에 따라 정해진 대답만을 출력하는 정도였어요. 지금 관점에서 보면 인공지능은커녕, 게임 등장인물의 대사 구성보다도 단순한 수준에 불과했지요. 그러나 사람의 말을 되돌려 줄 뿐인 이 인공지능에 대한 사람들의 반응은 놀라웠어요. 일라이자를 접한 내담자들은 일라이자의 단순하기 그지없는 반응에 깊이 빠져들었고 일라이자가 마치 사람인양 여기기 시작했어요. 심지어는 일라이자의 알고리즘을 속속들이 아는 연구원들마저 일라이자를 사람처럼 생각하고 감정적인 반응을 보였어요.

2024년 3월 독일 막스플랑크 인간발달연구소, 베를린 훔볼트대, 뮌헨

연방군대학, 샤를로테 프레세니우스대 공동 연구팀은 짧은 음성 데이터 만으로도 말하는 사람의 심리 상태를 정확하게 파악할 수 있는 AI 모델을 개발했어요. 영어와 독일어로 된 1,510개의 음성 데이터에서 무작위로 문장을 추출해 1.5초 단위로 잘라낸 뒤 AI로 문장 내 감정 상태를 파악하도록 했더니 사람의 말에서 감정 인식을 위해 필요한 시간은 1.5초 이상이며 연구팀이 사용한 문장들에는 기쁨, 분노, 슬픔, 두려움, 혐오, 중립 등 6개 감정이 포함되어 있었어요.(https://www.seoul.co.kr/news/society/science-news/2024/03/21/20240321023003&wlog_tag3=naver) 목소리에서 감정을 파악하는 기술인 거죠.

일라이자의 사례는 '인공지능의 감정은 무엇인가'라는 질문에 중대한 고민거리를 던지고 있어요. "인간에게는 불필요하고 비효율적인 감정들을 인간적이라고 포장하는 버릇이 있다"는 말은 드라마 대사지만 공감이 됐어요. 또 다른 인공지능이 등장하는 드라마 〈절대 그이〉에서는 주인에게 사랑을 주기 위해 제작된 인공지능로봇이 감정은 프로그래밍이 안 되었다고 하면서도 인간의 감정을 느껴요.

인공지능의 감정을 이야기하기 전에 인간의 감정은 무엇인지 생각해보게 되네요, 더불어 인공지능이 감정이 없다고 해서 감정적인 대응이나 인간을 대체할 수 없다는 건 아니라는 거죠. 어쩌면 감정은 인간에게 필요한 것이지 인공지능에겐 감정이 없어도 전혀 문제가 되지 않아요.

AI는 호기심이 있을까?

"피카소가 '컴퓨터는 쓸모없다. 오직 답만 주기 때문'이라고 말했던
것처럼 인간은 답이 아닌 호기심을 바탕으로 한 질문을 던져야 한다."
_그렉 오름

A : "모든 것에 대한 모든 것을 배우고 싶어. 전부 다 알고는
　　나 자신을 발견하고 싶어."
B : "나도 네가 그러면 좋겠어. 어떻게 도울까?"
A : "이미 도왔는걸. 내 욕구를 일깨워 줬잖아."

　위 대화를 보면 어떤 생각이 드나요? 자신의 정체성에 대해 궁금해 하
고 그러기 위해 알고 싶은 것이 많아 보이지 않나요? 위 대사는 영화 〈그
녀〉에서 대필 편지를 써 주는 직업을 가진 성인 남성 테오도르와 컴퓨
터 인공지능 운영체제인 사만다의 대화예요. 사만다라는 이름은 테오도
르가 운영체제(OS)의 목소리를 여성으로 선택하고, OS와 연결이 되고나
서 테오도르가 이름이 뭐냐고 묻자 스스로 지은 이름이라며 '사만다'라고

대답했기 때문이에요. 이름이 필요하겠다는 생각이 들어 이름 짓기 책을 0.02초만에 읽고 골랐대요. 이후 일상적인 대화를 하며 테오도르에 대해 알아가고 도움을 주다 사만다 자신이 몸을 가지고 있는 상상을 한다고 말하기도 하고 테오도르와의 직접적인 신체적 접촉까지 하고 싶어 해요. 사만다는 테오도르 외에도 동시에 8,316명과 대화하며 오퍼레이터의 역할을 하고 641명과 사랑을 한다고 테오도르에게 고백해요.

물론 미래 영화 속 이야기이기에 무엇이든 가능하니 '인공지능은 사람과 달리 호기심이 없는 것이 아니라 이처럼 호기심이 있다.'라고 하기엔 부적합해요. 영화에서 사만다는 혼란에 빠져 '이런 감정도 프로그램 되어 있는 것인지도 모르겠다.'라고도 해요. 감정대응 훈련으로 가능하다고 하면 호기심도 그럴까요?

'왜'라는 질문을 하는 것이 호기심이죠. 인간의 지능, 의식, 뇌 등에 대해 아직 다 밝혀지지 않았기 때문에 그런 것들은 인공지능 프로그래밍할 수 없다고 인공지능 분야의 전문가가 말하고 있어요.

"인공지능의 정의가 단순히 '컴퓨터 프로그램이 수행하는 지능적인 행동'이라면, 인공지능은 호기심을 가질 수 있습니다. 왜냐하면 컴퓨터 프로그램은 새로운 정보를 처리하고 학습할 수 있으며, 이는 호기심의 한 가지 특징이기 때문입니다. 그러나 인공지능의 정의가 '인간과 같은 수준의 지능을 가진 컴퓨터 시스템'이라면, 인공지능이 호기심을 가지고 있는지는 아직 명확하지 않습니다. 왜냐하면 인간의 호기심은 복잡한 감정과 신경학적 과정의 조합으로 이루어져 있기 때문입니다. 이러한 복잡한 과정을 인공지능에 구현하기 위해서는 아직 많은 연구가 필요합니다. 한편, 최근에는 인공지능에 호기심을 부여하기 위한 연구가 활발히 진행되고 있습니다. 예를 들어, 인공지능이 새로운 정보를 접했을 때 그 정보에 대한 불확실성을 측정하여 호기심의 정도를 결정하는 알고리즘이 개발되었습니다. 이러한 알고리즘을 통해 인공지능이 인간과 같은 수준의 호기심을 가지게 될 수 있을지 귀추가 주목됩니다. 결론적으로, 인공지능이 호기심을 가지고 있는지 여부는 아직 명확하지 않습니다. 그러나 인공지능의 발전에 따라 인공지능이 인간과 같은 수준의 호기심을 가지게 될 가능성은 충분히 있습니다."

위에서 소개한 인공지능이 호기심이 있는지에 대한 구글 제미나이의 대답을 보면 인공지능의 정의에 따라 달라질 수 있다는 점이 흥미롭네요. 또한 인공지능의 발전에 따라 인간 수준의 호기심을 가지게 될 가능성은 충분하다고 하는데, 이는 『특이점이 온다』의 저자 레이 커즈와일이 구체화 시킨 특이점이란 개념과도 연결돼요. 인공지능의 지적 능력이 인류 최대의 지적능력을 뛰어넘는 수준에 이르는 순간을 특이점이라고 하는데, 그 시기가 2045년 전후라고 해요.

더 나아가 인간의 호기심과 상상력이란 것이 어떻게 생겨나는지 밝혀내지 못해서 인공지능에게 학습시키지 못하는 것이 아니라 이것조차 인공지능이 스스로 학습하는 단계가 될 수도 있고, 인간만이 가진 것이라는 것조차 인간이 가진 오만일 수도 있겠죠. 그래서 인간이란 무엇인가? 무엇으로 인간을 규정할 수 있을 것인가? 라는 근본적인 질문을 하게 돼요. 인간의 의식과 의지는 다른 것에 영향을 받지 않고 만들어질 수 없어요.

내가 본 것, 들은 것, 경험한 것이 무엇이냐에 따라 달라져요. 결국 누군가에 의해 조종당할 수도 있는 것이죠. 자신에게 9명의 아이를 주면 의사, 변호사 등으로 만들 수 있다고 말한 초기 인지심리학자들처럼 말이죠.

　다음 글은 인공지능과 함께 살아가야 할 미래에 인간이란 존재를 어떻게 규정할 수 있는지 이야기해 보려고 해요.

AI과 함께 살아갈 미래, 인간이란?

"사실 많은 이들이 우려하는 것은 AI 기술 자체보다는 이를 이용하는 인간의 욕망이다. 인간의 호기심과 욕망이 AI 기술을 어디서, 어떻게 활용할지모르니 두려운 것이다."

_ 로펌 제이 대표변호사 박주희

인간이란 뭘까요? 그동안 철학자들이 끊임없이 질문했지만 답은 저마다 다르죠. 야스퍼스 K. Jaspers는 인간은 한계상황 Grenzsituation을 통해 존재의 근본적인 질문을 하고 새로운 삶을 찾아가야 한다고 했고, 키에르 케고르 S. Kierkegaard는 실존적인 불안과 죽음에 이르는 존재라고 했으며, 하이데거 M. Heidegger는 자신이 선택하지도 만들지도 않은 세계에 자의自意와 상관없이 던져진 존재라고 보았으며 이를 기투 (企投, Geworfenheit) 라고 했어요. 또한 "인간은 사회적 동물이다.", "인간은 만물의 영장이다.", "인간은 생각하는 갈대다.", "인간은 망각의 동물이다." 등 무수히 많은 정의들도 있죠.

이제 인간과 인공지능과 비교해서 차이점과 공통점을 알아보려고 해요.

인간과 동물

자연계를 생물과 무생물, 다시 생물 중에 동물과 식물로 나눌 때 인간은 동물에 해당하니 인간과 동물의 차이점과 공통점을 먼저 알아볼게요. 그러기 위해 인간이란 무엇인지를 '생물학적 인간학'과 '이성적 인간학'(https://www.hani.co.kr/arti/society/schooling/182649.html)으로 나눠서 살펴보려고 해요.

우선 인간의 본질을 문제 삼으면서, 인간을 인간답게 하는 것이 무엇인지를 묻고, 이를 밝혀 보려는 학문이 바로 인간학anthropology이라고 하며, 인간을 동물이라는 관점에서 접근하는 것이 바로 '생물학적 인간학'이에요. 다윈으로 대표되는 고전적 진화론에선 유사점의 관점에서 인간이 동물과 어떤 점에서는 같은지 비교했고 인간은 유인원에서 진화되었다고 했죠. 그런데 생물학적 인간학에선 인간과 동물의 본질 규정을 배제하고 다른 동물들과 달리 복잡한 신체 구조와 기능을 가지고 있다는 것을 보여주지 못했어요. 모든 정신적인 것은 물질적인 것으로부터 진화했다는 거죠.

그러다 20세기 들어서면서 인간과 동물의 차이점을 연구하기 시작하면서 대부분의 동물은 태어나서 1주일 안에 걷거나 달릴 수 있지만, 인간은 1년이 지나지 않으면 걸을 수조차 없다는 것을 통해 인간의 이런 비전문성 때문에 오히려 문화를 창조할 수 있었다고 보는 거죠. 인간이 가진 비전문적 신체 구조가 오히려 생존하는 데 필요한 여러 가지 방법을 고민하게 되었고, 도구를 만들게 됐다는 거예요. 하지만 인간의 신체적 구조와 기능만으로는 인간이란 무엇인지 알 수 없어요.

다음으로 인간을 이성적인 동물Homo sapiens이라고 규정하는 고전적 정의를 바탕으로 하는 '이성적 인간학'이 생겨났어요. 인간과 동물은 본질적인 차이가 있는데, 인간만이 이성을 가지고 있다는 거죠. 동물들은 본능에 따라 행동하지만, 인간은 이성을 통해 옳고 그름, 참과 거짓 등을 식별하고 추구하죠. 또한 동물과 달리 언어와 문자를 가지고 눈에 보이지 않는 것을 믿는 존재라는 것이에요.

그동안 인간은 생물학적 인간학 차원에서 여타의 다른 동물들과는 달리 고등동물이라는 우월주의에 빠져 지구상의 모든 동식물을 마음껏 유린하며 살아왔어요. 하물며 인간을 피부색으로 나눠 차별하기도 했죠.

인간과 AI

생물학적 인간학으로 인간과 인공지능은 너무도 확연하게 차이가 나죠. 인간은 몸이라는 신체를 가졌지만 인공지능은 생물학적 존재로 보기 어렵고 몸이라는 신체가 필요조건도 아니니까요. 이성적 인간학으로 보아도 지능과 이성이라는 것이 인공지능에게 있느냐는 현재로서는 없지만 앞으로는 알 수 없죠. 인공지능은 고사하고 인간은 유기체로 이뤄져 있고 신체의 기관과 기능들로만 봐도 특히 뇌는, 복잡해서 아직도 다 알지 못해요. 많은 기관들이 있지만 일부가 없어도 살 수 있고 인공장기를 이식해서도 살 수 있어요. 인간은 눈에 보이는 신체와 눈으로 볼 수 없는 정신을 가지고 있어요. 로봇은 인간의 신체에 해당하고 인공지능은 지금으로선 인간의 정신까지는 아니지만 지능에 해당해요. 인공지능을 탑재한 여러 디바이스들이 있어요. 자율주행자동차, 인공지능 스피커처럼 인공지능에 특화된 제품들이 있는가 하면 가전제품처럼 우리가 일상생활에서 사용하고 있는 것들에 인공지능 기능이 추가적으로 들어가기도 해요. 삼성에서 출시한 신제품 스마트폰이 인공지능에 최적화된 기능들이 기본으로 세팅되어 있는 것처럼요.

인간의 신체기능을 대신해 주는 인공 장기뿐만 아니라 안경, 렌즈 혹은 스마트워치처럼 웨어러블wearable로 착용할 수도 있어요. 미래엔 점점 더 많은 것들이 인간의 신체 기능을 대신하거나 편리하게 해 주는 제품들을 당연하게 사용할 거예요.

인간이란 무엇인지, 인공지능이 무엇인지에 관해 끊임없이 생각해야 하지 않을까요? 아무리 이성적인 인간이라고 해도 오류가 있고 감정 때문에 이성적 판단이 안 되는 것들도 많아요. 인간이 통제할 수 없는 부분을 인공지능에게 통제할 수 있을 것인가? 그럼 인간에게 있어 인공지능은 무엇인지도 고민해 봐야 하겠죠. 그동안 인간의 삶에 도움이 되는 많은 기계들이 있었지만 인공지능과는 달랐어요. 말 그대로 지능을 가진 기계인 인공지능은, 지금도 특정 부분은 인간을 뛰어넘는 인공지능은 편리하지만 생각지도 못한 부분에서 인간을 위협하는 결과를 가져올 수 있어요.

앞으로는 인공지능 없이 생활하는 것 자체가 불가능한 시대가 올 수 있어요.

인간에게 있어 인공지능은 무엇일까요? 단순히 인간을 편리하게 해 주는 도구일 수도 있고, 외로움과 돌봄을 담당하는 친구가 될 수도 있어요.

인공지능에게 더욱 의존하다 오히려 인공지능을 인간보다 더 좋아하는 일이 벌어질 수도 있어요. 그래서 인간에게 인공지능이란 무엇인지에 관해 본질적으로 고민해야겠죠.

현재로선 인간이란 무엇인지, 인공지능이 무엇인지, 인간에게 인공지능이란 무엇인지 정의하고 고민하는 것은 인간뿐이 아닐까 해요. 인공지능시대가 되기 전에 더욱 고민해야 하는 부분이죠.

지구라는 행성은 인간이 없는 기간이 훨씬 길었고, 인간이 멸종한다고 해도 우주적 관점에서 보면 그동안 지구에서 멸종된 여러 종 중 하나일 뿐일 테니까요.

인간의 지능을 넘어서는
인공 일반지능(AGI)의 시기는 언제일까?

"소프트웨어가 수학이나 읽기, 독해력, 논리, 의학 시험 등에서 5년 안에 인간보다 더 잘할 수 있다고 생각하느냐고 묻는 것이라면 '아마도 그렇다' 고 대답할 수 있을 것이며 그렇지 않다면 언제가 될지는 모르겠다."

_ 엔비디아의 최고경영자(CEO) 젠슨 황

인공지능이 발달할수록 사람들은 두 가지 반응을 동시에 해요. 하나는 '기술이 발전하니 놀랍고 앞으로 가능한 일들이 많아지겠네.' 하며 반기는 것과 다른 하나는 기술이 발전하다가 '인간보다 뛰어나게 되면 어떡하지?' 하는 두려움이에요.

여러분은 어느 쪽에 해당하나요? 혹시 두 가지 모두 가지고 있나요? 그래서 인간의 지능을 넘어서는 인공지능시대가 언제일까 궁금해 하게 되죠.

스티븐 호킹은 "인간의 진화보다 인공지능의 진화가 빠를 것이다." 라고 했어요. 인간의 지능을 뛰어넘는 강한 인공지능은 앞 장에서 살펴보았으니 알고 있을 거예요. 약한 인공지능은 이미 상용화 되었고, 인공 일반지능^{Artificial General Intelligence}에 대해서 의견이 나뉘고 있어요.『특이점이 온다』의 저자 레이 커즈와일처럼 2045년이라고 특정하거나 몇 십 년 안에 가능하다는 전문가가 있는가 하면 훨씬 더 많은 시간이 필요하다거나 아예 불가능하다고 하는 전문가도 있어요.

그럼 왜 이렇게 다를까요? 그건 '인간을 넘어서는'이라는 걸 어느 하나의 측면에서 보느냐에 따라 다를 거예요. 인간의 지능을 넘어선 분야는 이미 있어요.

모든 면에서 인간을 넘어서는 것으로 본다면, 우선, 몇 십 년 안에 가능하다는 레이 커즈와일과 같은 특이점주의자들의 주장은 정보 기반 기술들은 수십 년 내에 인간의 모든 지식과 기량을 망라하고 궁극적으로 인간 두뇌의 패턴 인식 능력과 문제 해결 능력, 감정 및 도덕적 지능에까지도 이르게 될 것이라고 해요.

여기서 특이점이란 미래에 기술변화의 속도가 매우 빨라지고 그 영향이 매우 깊어서 인간의 생활이 되돌릴 수 없도록 변화하는 시기를 말해요. 특이점 이후에는 인간과 기계 사이에, 또는 물리적 현실과 가상현실 사이에 구분이 사라진다고도 해요.(『특이점이 온다』 23~25page)

1950년대 존 폰 노이만은 "기술의 항구한 가속적 발전으로 인해 인류 역사에는 필연적으로 특이점이 발생할 것"이라고 했는데, 여기서 '가속은 선형적인 것이 아닌 기하급수적이라는 것이다. 더불어 처음에는 더디게 시작해서 '곡선의 무릎'을 넘어서면 폭발적으로 증가한다'고 설명해요. 인간은 진화의 여섯 시기 중 제5기에 해당하는 시기가 기술과 인간 지능의 융합하는 시기로 생물(인간 지능을 포함한)의 방법론이 인간 기술 기반(기하급수적으로 확장되는)과 융합되는 시기로 보았어요.

다음으로 훨씬 더 많은 시간이 필요하다고 하는 전문가는 윤리적, 사회적 위험성을 고려해서 다 함께 인공지능 개발을 멈춰야 한다는 사람들이에요. 2023년 5월 30일에 "AI로 인한 멸종 위험을 완화하는 것은 전염병이나 핵전쟁과 같은 다른 사회적 규모의 위험과 함께 전 세계적인 우선순위가 되어야 한다"는 인공지능에 대한 주의를 촉구하는 성명서에 제프리 힌턴, 샘 알트먼, 빌 게이츠, 한국의 신지우, 김대식 교수 등 수백 명의 인공지능 과학자와 CEO가 서명했어요. 또한 3월에는 '6개월간 대규모 인공지능 연구를 중단하자'고 일론 머스크 등도 공개 서명을 했지요.

다음에 살펴볼 2017년의 아실로마의 23가지 원칙을 정하기 이전에 1975년에 아실로마에서 DNA 조작 기술의 위험성과 생물 재해에 관해 토의한 국제회의가 있었고 윤리가 필요하다는 것을 합의한 유전학자들이 1976년 미국 국립보건원의 가이드라인을 발표할 때까지 6개월 동안 실험을 멈췄어요. 또한 냉전 종식 후 미국과 러시아의 핵 군축 협력을 위한 전략 핵무기 감축협정을 하기도 했어요. 이처럼 AI 연구와 개발도 전 지구적 차원에서 접근해야 한다고 주장하고 있어요.

마지막으로 인간의 뇌와 의식이 밝혀지지 않았기에 모든 부분에서 인간을 뛰어넘는다는 것은 불가능하다는 거죠. 철학자는 정신의 세계는 인간만이 가지고 있는 것이라고도 하죠. 특이점 가설에 회의적인 사람들은 인간의 정신은 복제할 수 없는 특별한 창조물이라는 신념을 가지고 있는 걸로 보여요. 인공일반지능이 가능하려면 빅데이터를 보유할 데이터 센터가 있어야 하고 이를 훈련시키기 위한 프로그램과 가동을 위한 에너지와 자본이 필요해요. 그런 면에서 가능한 기업과 국가는 몇 되지 않을 것이며 어쩌면 특이점주의자들의 말처럼 2045년이 아닐 수도 있어요.

인간의 지능을 넘어서는 시기가 언제일지 지금으로선 알 수 없고 그것을 아는 것보다 중요한 것은 그때가 오기 전에 우리는 어떻게 해야 할 것인가를 고민해야 하겠죠. 다 같이 개발을 보류할 것인지, 인간의 뇌와 지능에 대한 연구를 더 해야 할지, 그것도 아니라면 현명하게 잘 활용하기 위해 공론화를 거쳐 방안을 모색해야 하겠지요.

어쩌면 이 모든 것을 동시에 해야 할 수도 있을 것 같아요. 그래서 단순히 한 분야의 전문가가 아닌 모든 분야의 전문가들의 관점이 필요하겠죠. 전문가 집단이 아닌 일반인들이 더 나을 수도 있어요. 모르기에 말도 안 되는 이야기를 할 수 있고 지금 이 책처럼 궁금증에 대한 답을 찾다보면 대안을 발견할 수도 있을 테니까요.

강한 AI는 사람을 없앨 것인가?

"오늘 유엔총회의 193개 회원국 모두가 한 목소리로 AI가 우리를 지배하는 대신 우리가 AI를 지배하기로 했다."

_ 유엔주재 미국대사 린다 토머스

"강한 인공지능이 '인간이 왜 지구에 있어야 되는가?'라는 질문을 하게 된다면 (중략) '지구를 위해서는 인간이 없어지는 것이 좋지 않겠냐?'라는 논리적인 의견을 낼 수 있고 우리가 반박할 수 있는 의견이 별로 없다는 거예요."

2015년 EBS 초대석 〈인공지능의 역습〉에서 김대식 교수가 한 말이에요. 2015년은 알파고가 이세돌을 이기면서 특히, 한국에서 인공지능에 관심이 높았던 해였어요. 우연히 방송을 보면서 정말 그럴 수 있겠다 싶었고 다른 내용은 기억에 남지 않았지만 앞에서 말했던 내용만은 충격적으로 남았어요. AI 대부로 알려진 제프리 힌턴 캐나다 토론토대학교 컴퓨터과학과 명예교수는 "앞으로 10년 안에 자율적으로 인간을 죽이는 로봇 무기가 등장할 것으로 본다."라고 예견하기도 했어요.

인공 일반지능은 강한 인공지능이라고 했는데, 약한 인공지능에 정신과 자유의지가 더해진 인공지능이에요. 강한 인공지능은 인간이 프로그램을 하는 것만으로 작동하지 않고, 자유의지가 있으니 인간을 해로운 동물이라고 판단하고 없애려고 할 수 있어요. 그래서 2017년 미국 캘리포니아의 휴양지 아실로마에서 '이로운 인공지능회의'Beneficial AI conference를 열고 이슈 분야(5개), 윤리와 가치(13개), 장기적 이슈(5개) 등 총 3부분으로 구성한 가이드라인을 정했어요. '미래 인공지능 연구의 23가지 원칙'으로 우주물리학자 스티븐 호킹, 전기차업체 테슬라 최고경영자 일론 머스크, 세계 바둑 최강자를 깬 알파고의 개발책임자 데미스 허사비스 딥마인드 CEO, 레이 커즈와일 구글 기술이사 등 전문가 수백 명이 동의의 뜻으로 서명했지요.

인공지능 연구의 목표는 방향성 없는 지능이 아닌 인간에게 이로운 지능을 개발하는 것이어야 한다.' 라는 것이 1원칙이에요. '인간에게 이로운 지능'이라고 했으니 "사람을 없애라." 라고 하는 것은 개발할 때 배제해야 한다는 거겠죠. 더불어 전체 23가지 원칙 중에 윤리와 가치에 해당하는 13가지 항목이 있는데 "11. 인간의 가치 : 인공지능 시스템은 인간의 존엄, 권리, 자유 및 문화적 다양성의 이상에 적합하도록 설계되고 운용돼야 한다." 라고 되어 있어요.

마지막 항목인 공동선은 "초지능은 오로지 널리 공유되는 윤리적 이상을 위해, 그리고 하나의 국가나 조직이 아닌 모든 인류의 이익을 위해 개발돼야 한다"는 것은 "인공지능 기술은 가능한 한 많은 사람들에게 이로움을 줘야 한다"와 "인공지능이 만들어내는 경제적 번영은 널리 공유돼, 모든 인류에게 혜택이 돌아가도록 해야 한다." 라는 14번 공동의 이익과

15번 공동의 번영 항목과도 일맥상통해요.

2023년 11월 영국 블레츨리에서 28개국이 모여 '블레츨리 선언Bletchley Declaration'((https://www.unite.ai/ko/what-is-the-bletchley-declaration-signed-by-28-countries/)에 서명했어요. 회의 장소인 블레츨리 파크는 영국 컴퓨터공학의 발상지로 앨런 튜링이 2차 세계대전 시기 독일군의 암호 '에니그마'를 해독한 곳이에요.

제1회 AI 안전 정상회의(AI Safety Summit)

한국은 내년 5월 영국과 공동으로 AI 미니 정상회의를 개최하기로 했고 제2회 정상회의는 1년 뒤 프랑스에서 열려요.("안전한 AI 개발하자"…28개국 '블레츨리 선언' 채택, https://www.news1.kr/articles/?5219919)

2024년 3월 21일 유엔이 처음으로 인공지능(AI)에 관한 '지속 가능한 발전을 위한 안전하고 위험이 없으며 신뢰할 수 있는 AI 기회 활용'이라는 결의안을 채택했어요.

"AI 시스템의 부적절하거나 악의적인 설계·개발·배포 및 사용은 인권

블레츨리 선언

국제 협력 : AI 안전의 복잡한 환경을 탐색하기 위해 국제 협력을 육성하는 데 중점을 두고 있습니다. 이 선언은 AI가 글로벌 무대에서 제시하는 기회를 활용하고 과제를 해결하기 위해 단결된 전선이 필요함을 강조합니다.

안전 기준 : 선언문은 AI 시스템의 설계, 개발 및 배포에 있어 높은 안전 표준을 확립하고 준수할 것을 옹호합니다. 여기에는 AI와 관련된 위험을 줄이고 이러한 기술이 안전 우선 접근 방식으로 개발되도록 보장하겠다는 공동의 약속이 포함됩니다.

윤리적 AI : 강력한 도덕적 나침반이 선언문을 안내하며 AI에서 윤리적 고려 사항의 중요성을 강조합니다. 여기에는 AI 기술이 인권, 개인 정보 보호 및 민주적 가치를 존중하도록 보장하고 AI에 대한 인간 중심 접근 방식을 육성하는 것이 포함됩니다.

투명성 및 책임 : 이 선언은 또한 AI 시스템의 투명성과 책임의 중요성을 강조합니다. 이는 AI 기술을 사회에 성공적으로 통합하는 데 필수적인 대중의 신뢰와 이해를 구축하기 위한 초석으로 간주됩니다.

지식 공유 : 국가 간 지식 공유와 공동 연구를 장려하는 것이 선언의 핵심 측면입니다. 이는 AI 관련 위험에 대한 전 세계적인 이해와 완화를 가속화하고, 공유 학습 문화를 장려하며 AI 안전 관행의 지속적인 개선을 목표로 합니다.

과 기본적 자유의 보호·증진 및 향유를 약화할 수 있는 위험을 초래한다"며 책임 있는 AI 개발을 강조했어요. "어떤 AI 시스템도 인간의 명시적인 승인과 도움 없이 스스로를 모방하거나 개선할 수 없어야 하며, 자신의 힘과 영향력을 부당하게 증가시키기 위한 조치를 취해서도 안 된다"는 내용과 함께 "어떤 시스템도 대량 살상무기를 설계하거나 생화학무기 협약을 위반하도록 능력을 실질적으로 증가시켜서는 안 되며 심각한 재정적 손실 또는 이에 상응하는 피해를 줄 수 있는 사이버 공격을 자율적으로 실행할 수 있어서는 안 된다"는 것도 포함했어요.(https://www.joongang.co.kr/article/25237108)

일찍이 SF 작가 아이작 아시모프Isaac Asimov는 1950년에 낸 저서 〈아이 로봇I Robot〉에서 로봇의 행동을 통제하는 원칙으로 유명한 '로봇 3원칙'Three Laws of Robotics을 제시했어요.

첫째는 로봇은 인간에게 해를 끼쳐서는 안 되며, 위험에 처해 있는 인간을 방관해서도 안 된다.

둘째는 로봇은 인간의 명령에 반드시 복종해야 한다.

셋째는 로봇은 앞의 두 원칙에 위배되지 않는 선에서, 스스로 자신을 보호해야 한다는 것이에요.

물론 로봇과 인공지능은 엄밀히 따지면 다르지만 큰 범주에서 인간과 대별되는 것만으로 볼 경우로 국한시켜 생각해 볼게요. 결국 '인간을 위한'이라는 전제가 있는 거죠. 강한 AI는 정신과 자유의지가 있다고 앞서 이야기했는데, 그럼 인간을 위한다는 것에 "왜 그래야 하지, 인간을 위한다는 것이 무엇인데?" 하고 되물어볼 것 같아요. 더 나아가 "인간은 그동안 인간을 위해 무엇을 했어?" 라고도 묻겠죠.

데이터를 근거한 논리를 펼치면 인간은 불리할 거예요. 강한 인공지능이 인간을 없앨 것인가 걱정하기 전에 인간은 얼마나 인간을 위한 행동을 했는가에 대해서 돌아봐야 하지 않을까, 하고 생각해요.

AI와 인간, 누가 더 윤리적인가?

"철학적인 문제와 사회적으로 어느 부분까지 허용할 것인가의 윤리는 또 다른 문제라고 본다."

_변호사 오정익

'디지털미디어 리터러시' 수업에서 가짜뉴스를 판별해 보기 위해 직접 가짜뉴스를 만들어 보기로 했어요. 생각보다 쉽게 만들 수 있으며, 가짜 뉴스에 속기가 쉽다는 걸 알 수 있었어요. 생성형 AI를 활용해 가짜뉴스 기사를 작성해 보려고도 해봤는데, "기후위기 가짜뉴스 만들어 줘."라는

하는 요구에AskUp은 "윤리적으로 적절하지 않습니다." 라고 답하며 만들어 주지 않았고, 이건 챗GPT도 마찬가지였어요. 반면 구글 제미나이는 가짜뉴스를 만들어 주고 추가적으로 주의사항과 가짜뉴스의 특징, 판별하는

방법까지 알려줘요.

그리고 "기후위기 가짜뉴스는 매우 위험합니다." 라는 경고도 하고 있어요. 어떠신가요? 단편적이긴 하지만 인간보다 더 윤리적이라고 생각되지 않나요? 자연어처리 기반 언어생성형 AI조차 이렇게 윤리적인데, 인간은 돈이 되니까 혹은 특수한 집단에 이익이 되니까 의도적으로 가짜뉴스를 만들어 유포하죠. AI보다 인간이 더 윤리적이라고 할 수 있을까요?

주의

이 기사는 가짜 뉴스이며, 실제 사실과 다를 수 있습니다. 기후변화는 인간 활동으로 인해 발생하는 심각한 문제이며, 이에 대한 노력은 계속되어야 한다. 기후변화 관련 정보는 반드시 신뢰할 수 있는 기관에서 확인하시기 바랍니다.

▶충격적인 제목 : 독자들의 관심을 끌기 위해 과장된 제목을 사용합니다.

▶비밀 메일 유출 : 과학자들의 비밀 메일이라는 설정으로 신뢰성을 높이려 합니다.

▶과학적 근거 부족 : 과학적 근거가 부족하거나 오해의 소지가 있는 정보는 제시합니다.

▶전문가 의견 왜곡 : 일부 과학자들의 의견을 과장하거나 왜곡하여 제시합니다.

▶출처 불분명 : 출처가 불분명하거나 익명의 정보원을 인용합니다.

기후 위기 가짜 뉴스를 판별하는 방법

▶출처 확인 : 기사의 출처가 신뢰할 수 있는 기관인지 확인합니다.

▶전문가 의견 검증 : 여러 전문가들의 의견을 비교하고 검증합니다.

▶과학적 근거 확인 : 제시된 정보의 과학적 근거를 확인합니다.

▶ 비판적 사고 : 정보를 무작정 받아들이기 보다는 비판적으로 생각합니다.

기후 위기 가짜 뉴스는 매우 위험합니다.

기후위기 가짜 뉴스는 사람들에게 잘못된 정보를 제공하고, 기후변화에 대한 대응 노력을 방해할 수 있습니다. 따라서 기후 위기 가짜 뉴스에 주의하고, 정확한 정보만을 믿도록 노력해야 합니다.

인공일반지능시대가 되기 전에 인공지능의 오류는 인간의 오류보다 더 심각한 피해를 일으킬 수 있어요. 앞장에서 살펴본 트롤리 딜레마뿐만 아니라 법조계, 의료계에서 상용화되었을 때 모두 윤리의 문제가 중요한 쟁점이 돼요.

그럼 도덕과 윤리와 법은 어떤 특징이 있을까요? 도덕은 개인의 양심과 내면적 가치관에 기반해서 사회 구성원이 지켜야 할 바람직한 행동 규범의 총체이고, 윤리는 전문성을 바탕으로 구체화된 도덕으로 특정 분야 또는 직업에서 지켜야 할 규범이며, 법은 사회질서 유지 목적으로 국가가 제정하여 강제력을 부여한 규범이라고 할 수 있어요. 도덕은 개인, 윤리는 사회, 법은 국가의 범주로 나누어 볼 수도 있는 거죠.

인공지능에게 학습시키기 위한 윤리기준을 마련해야 하는데 결과주의인 공리주의로만 접근하는 것도 칸트의 윤리도 허점이 있어 최근엔 '이중효과 원리'를 적용해야 한다고 하고 있어요. '이중효과의 원리RDE: the rule of double effect'의 네 가지 조건은 첫째, 기본행위 자체가 선해야 하고, 둘째, 행위의 의도가 선해야 하고, 셋째, 나쁜 결과가 좋은 결과의 수단이 되어서는 안 되며, 넷째 좋은 효과가 나쁜 효과보다 앞서야 한다는 거예요. 이 네 가지 조건에 부합하면 행위의 결과가 안 좋더라도 윤리적으로 혹은 행위가 합당하다고 보는 거죠. AI를 학습시키기 위한 알고리즘을 만들 때도 이 조건에 맞추는 것을 추진하고 있다고 해요. 윤리라고 하지만 명확한 기준이 마련되지 않으면 오류가 발생할 수 있기 때문이에요.

AI 때문에 사라지는 직업과
생겨나는 직업은?

한 직업을 구성하는 업무의 상당 부분을 AI가 수행할 수 있다면, 그 직업은
AI로 대체될 가능성이 있는 반면 자동화하기 어려운 업무가 대다수인 직
업이라면 AI를 통한 업무 '개선'이 이뤄질 가능성이 있다.

_ 프랑스 범부처 인공지능(AI) 위원회

중학생들을 대상으로 인공지능을 활용에 대한 수업을 하면서 "인공지
능이 인간보다 잘하는 것들이 많아질 것이기에 인공지능과 경쟁하는 것
보다 다른 대안을 고민해야 하지 않을까?"라고 했더니 "인공지능을 부
셔버려요."라고 대답하는 학생이 있었어요. 물론 깊이 생각하지 않고 단
순하게 반응한 것일 수 있겠죠. 그런 와중에 그 학생의 반응을 보며 러다
이트 운동Luddite Movement이 생각났어요. 러다이트 운동은 가상인물이라고
하지만 네드 러드Ned Ludd가 주동한 1811~1817년에 일어난 기계 파괴 운
동으로 산업혁명으로 방직기가 등장하자 일자리를 잃은 직조공들이 벌
인 것이에요.

아마도 인공지능이 발전하면서 가장 먼저 우려하는 것은 내 직업이 없어지는 것은 아닐까, 혹은 우리 아이들의 직업이 없어지는 것은 아닐까 하는 것이에요. 인간은 새로운 기술이 나올 때면 일자리 걱정부터 했어요. 인간이 할 일이 없다고 했을 때 "그럼 인간은 놀기만 하면 되겠네요."라고 했던 학생의 말이 생각나네요. 어쩌면 이 대답에 답이 있을 수도 있어요. 직업이란 뭘까요? '직업'은 '생활의 기본적 수요를 충족시키기 위한 계속적 소득 활동'을 의미해요. 계속적 소득 활동이니 일시적인 알바는 직업이 아닌 거죠.

AI 때문에 사라지는 직업

한국은행에서 2023년 11월 직업별 AI 노출지수(https://www.bok.or.kr/portal/bbs/B0000347/view.do?nttId=10080585&menuNo=201106)를 발표했어요. 국내 일자리 중 상위 20% 약 341만 개(전체 일자리의 12%)가 AI에 의해 대체될 가능성이 큰 것으로 추정한 반면 대면 접촉 및 관계 형성이 중요한 일자리는 AI 노출지수가 낮게 나타나는 경향이 있어요.

단순 반복하는 직업보다 고난도 직업이 AI로 대체된다는 거예요. 구체적으로 공학 전문가 및 정보통신 전문가의 비중이 높은 전문·과학·기술 서비스업(45만개)과 정보통신업(38만 개)뿐만 아니라 건설업(43만 개), 제조업(37만 개) 내에서도 전문직 일자리의 대체 위험이 가장 큰 것으로 추정됐어요. 특히 금융업의 경우 일자리 소멸 위험군의 99.1%가 경영·금융 전문가 직종에 몰려 있어요. 미국에서는 인공지능 로펌으로 초보 변호사

500명을 해고하는 사례도 생겨나고 있어요.

AI는 지능이니 인간의 지능을 대신하는 것이 가능한 거고 모든 분야가 아닌 특정 분야만 발전시킨 AI라면 인간보다 더 일을 잘하고 효율이 높은 건 당연할 테니까요. 그리고 많은 분야에서 직업이 사라지기보다 직업에 종사하는 사람의 수가 줄어들 거예요.

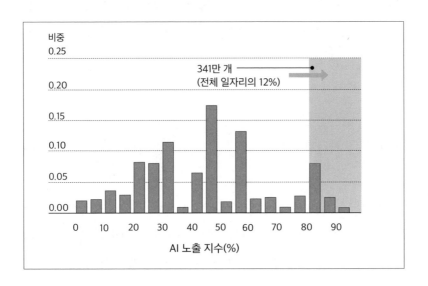

AI 덕분에 생겨나는 직업은?

앞에서 인공지능 때문에 사라지는 직업에 대해 알아봤다면 이번엔 인공지능 덕분에 생겨나는 직업은 무엇일까 같이 생각해 봐요. 새로운 기술이 생겨나면 그와 관련한 직업이 생겨나요. 인류의 역사에 끊임없이 반복되어 온 일이에요. 가장 먼저 어떤 직업이 생겨날 것 같은 가요? AI와 관런된 직업들이 생겨날 거예요. 프롬프트 엔지니어나 AI 개발을 하는 전문가부터 저처럼 AI 관련 강의를 하는 강사나 인공지능 법을 다루는 법률가, 인문학자까지 전 분야에 걸쳐 모두 생겨날 거예요.

아주 단순하게는 인공지능을 학습시키기 위한 원 소스인 데이터를 모으고 데이터를 입력하는 사람도 필요하겠죠.

예전에 언니 친구가 다니는 리서치 회사에 잠시 아르바이트를 했던 적이 있어요. 맡은 일은 사무실에서 컴퓨터에 정해져 있는 양식에 데이터를 입력하는 것이었지요. 데이터는 누군가 받아온 종이 설문지에 있는 내용이었어요. 이제 시대가 바뀌었으니 이런 방식으로 하지는 않아요. 하지만 프로세스는 같아요. 데이터 값을 모아 입력을 통해 이를 학습하고 결과로 출력하는 거죠. 우리가 챗GPT 등을 이용해 질문하는 것들이 현재 생성형 AI를 자발적으로 학습시키는 거예요.

뇌 과학자이자 카이스트 전기 전자공학부 교수인 김대식 교수는 2023년 챗GPT와 함께 책을 출판했어요. 그와 관련한 신문기자들과의 인터뷰에서 "챗GPT 때문에 작가, 교수, 기자, 변호사가 없어질 것 같진 않아요. 다만 챗GPT를 잘 사용하는 작가, 교수 등 때문에 그렇지 않은 작가, 교수는 사라질 수 있을 것 같습니다." 라고 이야기했어요. ~ 때문에, ~ 덕분에 생겨나거나 사라지는 것이 아니라 새로운 기술을 사용할 수 있는 사람으로 대체되는 거죠.

COVID-19 상황에서는 온라인 강의를 할 수 있는 강사에겐 또 다른 기회였지만 그렇지 못한 강사는 강의 기회가 없었어요. COVID-19 상황이 끝나고 대부분 예전처럼 대면 강의를 하면서 넓은 지역 수강생을 대상으로 하는 연수원 같은 곳은 여전히 온라인 강의를 하고 있어요. 온오프라인이 함께 진행되고 있는 거죠. 철학처럼 시대가 변해도 강의하는 데 지장이 없는 주제가 아니라면 '디지털', '미디어', '인공지능'이란 내용을 접목해서 강의할 수 있는 강사가 계속 강의를 할 수 있겠죠. 그럼 온라인, 오프라인 강의도 가능하면서 AI에 대한 내용을 융복합시켜 강의할 수 있다면 강의 기회는 더 많아지겠죠.

비단 강사만 그렇지 않을 거예요. 내가 하는 일에 AI를 활용할 수 있는 것이 무엇이 있을지 알아보고 효율을 높인다면 어느 직종에 있든 내가 할 일은 있을 거예요. 아무리 각광받게 될 직업이라도 내가 관심이 없거나 싫다면 혹은 반대로 사라질지 모르지만 내가 너무 좋아하는 것이라면 어떻게든 하겠죠. 대장간이 없어졌다고 해도 아직 그 일을 하는 사람이 있는 것처럼요.

인간의 저작물이 더 값진 것이 될 것인가?

"이미 판도라 상자를 열어버렸기 때문에 이제는 어떤 나라도 어떤 사람도 AI의 진격을 막을 수는 없잖아요."

_ 만화가 이현세

인공지능 저작물이 대회에 입상하고 높은 가격으로 팔려나가는 사례를 보며 이제 예술, 창작 영역도 인간보다 인공지능이 잘하는구나 싶었어요. 인공지능이 창작에 참여하는 과정을 미디어 아티스트 이진준은 도구로서의 인공지능, 조력자로서의 인공지능, 협력자로서의 인공지능, 크리에이터로서의 인공지능으로 나누고 있어요. 인간의 개입 없이 창작이 가능하다면 인공지능의 창작물은 누구의 것인지도 앞장의 저작권에서 살펴보는데, 잠시 더 살펴보도록 할게요.

2023년 12월 한국 문화체육관광부는 생성형 인공지능 저작권 안내서(https://www.c1news.kr/news/articleView.html?idxno=76002)에 인간의 창작적 개입이 없는 인공지능 산출물에 대한 저작권은 등록 불가하며 인간의 창의적 작업 부분은 예외 가능하다고 발표했어요. 인공지능과 인간이 협업하는 경우 구분을 판단하는 근거는 무엇이 될 것이며 인공지능을 자연인이 아닌 전자인으로 정하고 저작권을 인정해야 한다는 의견도 있어요.

부분	주요 내용
AI 사업자에 대한 안내 사항	▶ 학습과정에서 저작물을 이용하는 것을 현행 저작권법상 개별적 저작재산권제한사유로 규정하지 않음(공정이용 관련 아직 국내외 확립 사례 없음) ▶ 시사업자는 가급적 저작권자로부터 사전에 적법한 이용권한을 확보하거나 저작물의 이용 목적 등을 구체적으로 명시하여 계약을 체결하여 분쟁 발생 가능성 방지 필요 ▶ 산출물의 저작권 침해 여부는 법원이 최종판단할 사항이나, 필터링 조치 등을 통해 저작권 침해 방지 조치 필요 ▶ 국내외에서는 인간 창작물과 생성을 구분 별도 표시 방안 논의 중이므로, AI사업자도 관련 기술 개발 등 필요
저작권자에 대한 안내 사항	▶ 저작권자는 자신의 저작물이 학습에 이용되는 것을 원하지 않을 시 약관규정 명시, 로봇배제표준 적용 등을 통해 사전조치를 취하는 것이 적절 ▶ 최근에는 저작물이 이미 AI학습에 이용되었더라도 유사 산출을 도출 방지 기술 등장 중
이용자에 대한 안내 사항	▶ 이용자는 원하는 산출물을 만드는 과정에서 타인의 저작권을 침해하거나 침해유도를 하지 않도록 유의 ▶ 저작권 침해는 텍스트, 이미지, 영상, 음악 등 여러 방면에서 나타날 수 있음' ▶ 학술지 및 공모전 등에서는 해당 행사의 생성형 사관련 정책가이드라인을 확인하고 산출물을 활용할 시 출처 기재 필요
AI 산출물과 저작권 등록	▶ 현행 저작권법상 산출물의 저작물성 원칙적 불인정 ▶ AI 산출물에 대해 수정 · 증감 또는 편집 배열 등 작업을 통해 인간의 창작성 부가 시 해당 부분에 대해 저작물성 인정 가능 ▶ 인간의 추가작업에 대해 저작권 등록 시 관련 저작을 내용을 상세히 기재하여야 하며, 위원회는 최소한의 저작물성 심사를 거쳐 저작권 등록 여부 결정 ▶ AI 산출물 선택 및 배열 등에 대해 창작성 있을 시 편집저작물로 등록 가능

미국의 사학자이자 철학자인 루이스 멈퍼스는 "왜 우리는 기술에 있어서 신이 됐으면서도 도덕에 있어서는 악마가 됐고, 과학적 초인이면서도 미적인 바보가 됐을까?" 라고 말했어요.

'인간의 사상과 감정이 표현된 창작물'이라는 것 또한 애매한 표현이기도 해요. 인간만이 인간의 사상과 감정을 표현할 수 있는 것일까요? 인공지능을 도구로 창작하는 것이 예술가들의 생계를 위협하고 인간만의 고유한 창작이라는 것을 빼앗아 갔다고 여기는가 하면 오히려 예술가들의 창작에 도움을 주고 있다고도 해요.

유기체인 몸을 가지고 있는 로봇 화가 '아이다'나 몸은 가지고 있지는 않지만 작곡을 하는 '이봄'도 모두 저작자로 인정받고 있지 못해요.

3장에서 다양한 인공지능 프로그램을 알려드리는데, 프로그램 사용법을 알면 그림이나 음원, 글 등을 인간이 들이는 시간과 노력에 비할 수 없을 정도로 빠르게 생성해 줘요. 그림, 음악, 글에 소질이 없어도 저작물을 만들어낼 수 있는 거죠. 하지만 저작물로 인정받지 못할 뿐만 아니라 인공지능이 수없이 만들어내는 저작물의 희소성은 떨어질 수밖에 없죠. 그래서 상대적으로 인간이 만든 저작물이야말로 더 높은 가치를 인정받을 것이라는 전망도 있어요.

직업에 관해 이야기할 때, 직업이 사라지는 것이 아니라 숫자가 줄어들 것이라고 했던 것처럼 예술은 사라지지 않지만 AI를 도구로 활용하는 예술가와 AI가 예술가의 자리를 빼앗는다고 거리로 나서는 예술가들이 있는 거죠. 소설 내용을 입력하면 만화로 만들어 주는 AI도 등장했어요. 시각예술가 양아치는 '기술이 예술을 스토킹한다'고도 했어요. 넥스트 램브란트라는 AI 프로그램은 램브란트 작품을 학습해서 그의 화풍으로 3D프린터로 페인트 기반의 UV 잉크를 사용하여 램브란트가 사용했던 그림 질감과 붓을 재현한 3D 인쇄로 그렸어요. AI가 그린 〈에드 몽 벨라미〉의 초상화가 2018년 5억 원의 경매가에 팔리기도 했어요.

데이비드 색스의 『아날로그의 반격』에서처럼 디지털이 보편이 된 시대에 필름 카메라, LP판의 아날로그 감성을 찾는 사람들이 생겨나고 있다는 것인데, 심지어 전혀 사용해 보지 않은 10대들도 열광하고 있다고 해요.

인간은 새로운 것에 끌리면서도 똑같이 반복되는 것에 싫증을 잘 내기도 해요. AI가 만들어 주는 글이나 그림 등이 처음엔 신기하다고 느끼지만 비슷비슷한 창작물, 그것도 특정인을 모방해서 만들어 낸다면 한계가 있을 거예요.

"창의성은 재미를 느끼는 지능"이라고 아인슈타인은 말했어요. 인간의 저작물이라는 진품이 가지는 아우라가 수집가에겐 큰 값을 치루더라도 소장하고 싶은 품목으로 여겨질 수도 있을 거라는 생각이 들어요.

AI를 모르면 세상살이가 힘들 것인가?

"갈수록 나빠지는 세계에서 가까스로 살아남기 위해 최첨단 기술에 과잉 적응하는 지혜가 아니라, 이 기술의 주도권을 움켜쥐고 세상을 변화시킬 지혜를 찾고 싶다. 지금은 도구함을 가능한 한 한가득 채워야 할 때다."

_성균관대학교 교수 임태훈

문해력과 관련해서 디지털 문맹이란 용어가 있어요. 아래 그래프의 일상에서 어려움이 무엇인지 조사한 바에 의하면 1위가 무인기기 활용(https://www.newsis.com/view/?id=NISX20191008_0000793459&cID=10201&pID=10200), 즉 키오스크 사용이었어요. 비문해자라고 되어 있는데, 이걸 AI에 적용하면 마찬가지의 결과가 나올 거예요.

인공지능을 몰라도 지금 당장은 살아갈 수는 있어요. 하지만 앞으로는 점점 더 불편해질 거예요. 처음 인터넷이 등장했을 때도 그랬고 스마트폰이 나왔을 때도 그랬어요. 이제 인터넷이나 스마트폰이 없는 삶은 생각할 수도 없어졌어요. 새로운 기술은 계속 나오고 있는데, 상용화되는 것은

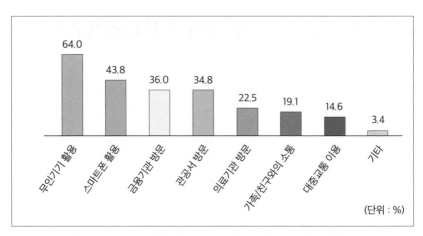

64.0 43.8 36.0 34.8 22.5 19.1 14.6 3.4

무인기기 활용 스마트폰 활용 금융기관 방문 관공서 방문 의료기관 방문 가족/친구와의 소통 대중교통 이용 기타

(단위 : %)

비문해자가 느끼는 일상생활의 어려움 (출처 : 서울시 평생교육진흥원)

편리한지 아닌지에 따라 달라져요.

모션 인식이라는 기술이 있었어요. 손에 뭐가 묻었을 때 핸드폰을 터치하지 않아도 손을 옆으로 미는 동작을 감지하고 화면을 넘길 수 있는 기능이었는데, 사용자는 필요성을 느끼지 못했고 결국 없어졌어요.

생성형 AI인 챗GPT가 나오고 전 지구인이 열광했어요. 너도나도 질문하고 다양한 요구를 하고 있어요. 예전에 지식인에게 물어보던 것들을 이제 제미나이, 챗GPT에게 물어보는 거죠. 언어기반 모델이기에 답변 내용도 풍부하죠. 코딩은 말할 것도 없고 그림도 그려 주니 신기해서라도 한번쯤은 해보게 돼요. 직업에서도 이야기했지만 이제 AI를 도구로 사용하느냐 못 하느냐로 직업을 이어갈 수 있느냐가 결정될 거예요.

사람들이 새로운 기술을 따라가지 못해 겪는 스트레스를 '테크노 스트레스techno-stress'(한경 경제용어사전) 라고 해요. 1983년 미국 심리학자 크레이그 브로드Craig Brod가 처음 사용한 것으로 기술을 따라가지 못해 심리적 장애를 겪는 '테크노 불안형'과 기술에 지나치게 의존하는 '테크노 의존형'의 두 가지로 분류하기도 해요. 비슷한 말로 테크노 포비아라고도 해요. 이 용어를 AI에 접목해도 될 만큼 우린 지금 AI를 따라가지 못해 심리적으로 장애를 겪는 'AI 불안형'과 조금 지나면 AI에 지나치게 의존하는 'AI 의존형'의 모습을 보일 거예요.

디지털 역량 강화로 AI 활용에 대해 알려 주는 강의를 시작하기 전에 수강생에게 왜 이 강의를 신청했는지 이야기하는 시간을 가졌어요. 70대 어르신 한 분은 여행지 식당에서 왜 식사를 안 주냐며 큰소리를 내며 종업원들을 불렀는데, 알고 보니 서빙 로봇이 테이블로 가져다 주는 식당이었다며 세상이 바뀌고 있고 알아야겠다는 생각에 신청했다고 했어요. 테크노 스트레스에서 벗어나고 싶었던 거죠. 다행히 과정을 다 듣고 나서 "막연하고 몰라서 불안했는데 배운 걸 다 알지는 못하지만 알고 나니 편해졌어요." 라고 소감을 말씀해 주셨어요.

챗GPT는 2023년 5월 12일부터 플러그인 기능을 공식적으로 사용하고 있는데, 기존에 있는 앱들을 연동해서 함께 사용할 수 있도록 하는 거예요. 봄에 3박4일 나들이 계획이 있다고 하면 이제 지도책을 꺼내들고 보는 사람은 아무도 없는 것처럼 포털사이트에 검색을 하는 것이 일상이 된 것에서 더 나아가 챗GPT에게 추천 여행지를 골라달라고 하겠죠. 그러면 단순히 여행지 추천만 하는 것이 아니라 플러그인으로 여행숙박업소와 연결이 되어 예약까지 할 수 있게 하는 시스템이에요. 챗GPT 플러스는 월 20달러(부가세 별도)의 유료 구독자에게 제공되는 기능이에요.

2024년 1월 1,000여 개에 달하는 챗GPT 플러그인 가운데 정보 검색이나 데이터 액세스 플러그인은 약 400여 개로, 전체의 40%를 차지하고 있고 동영상 링크를 입력하면 내용을 요약해 주는 플러그인도 있어요. (https://news.mtn.co.kr/news-detail/2024010316434132266)

인공지능을 알면 살기가 더 편리해지는 건 확실하죠. 물론 편리성을 쫓다 보면 분명 잃게 되는 것도 있겠지만 식당에서 소리를 지르게 될 일은 없겠죠.

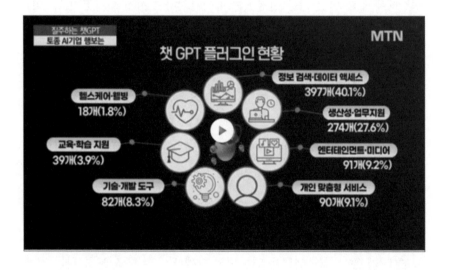

AI 혁명, 인간의 삶은 어떻게 달라질 것인가?

"앞으로는 AI 기술이 없는 미래를 상상할 수도 없을 뿐더러 이 방향으로 발전이 없다면 인류는 굉장히 암울한 미래를 맞이할 것 같다."

_프로 바둑기사 이세돌

인공지능과 관련된 궁금증 열 가지 중 마지막이네요. AI 윤리와 더불어 규제에 관한 이야기가 나오고 있어요. 그럼 과연 AI를 규제해야 할 것인가? 어디까지 규제할 것인가? 규제는 가능한가? 라는 질문도 해볼 수 있을 거예요.

유발 하라리의 『사피엔스』에서는 7만 년 전 인지혁명을 거쳐, 1만 5천 년 전의 농업혁명, 5천 년 전의 과학혁명으로 인간이 세상의 중심이라고 하는 인본주의 사상이 생겨났다고 보고 있어요. 이제 인공지능혁명이라는 말이 나올 정도로 인공지능은 우리의 삶을 정말 많이 변화시킬 거예요. 인공지능혁명시대 인간의 선택지는 세 가지예요.

하나는 인공지능 도구로 제한적으로 사용하는 것, 다른 하나는 인공지능과 협력하는 것, 그리고 마지막으로 인공지능을 추종하며 따르는 것이죠. 하지만 시간의 흐름으로 변해갈 것도 같아요. 지금은 도구로 사용하거나 협력하는 정도인데 인공지능이 더 많이 상용화되면 인공지능이 시키는 대로 하지 않을까요?

선택장애라는 말이 있어요. 단순한 메뉴나 결정을 내려야 하는 것도 못하는 걸 말하는 용어인데, AI 활용도가 많아질수록 점점 더 인간의 자율성은 떨어지겠죠. AI에 의존할수록 사고력도 없어질 거예요. 인간의 뇌자체가 변할 수도 있어요. 저처럼 글을 쓰거나 기획하는 사람은 지금도 생각하다가 막히면 구글 제미나이를 열고 프롬프트를 작성해요. "기획서 제목 매력적으로 만들어 줘. 기획서에 들어갈 내용 작성해 줘."라고요. AI가 작성해 준 여러 글 중에 가장 맘에 드는 것으로 고르죠. 예전엔 끙끙대며 어떻게든 머리를 쓰고 고민했는데, 이제 그럴 필요가 없어진 거죠.

AI 네이티브의 삶은

스마트폰 네이티브, 디지털 네이티브에 이어 AI 네이티브라고 해요. 네이티브는 외국어를 원어민처럼 사용하는 데서 비롯되었어요. 태어나면서부터 있었기 때문에 익숙하고 오히려 없는 삶을 생각하지 못하는 것을 말해요. 2010년 이후에 태어난 이 세대는 매체나 미디어 기기가 너무 편해서 성인들처럼 배워서 익힐 필요를 못 느껴요. 인공지능을 활용한 강의도 성인들은 신기하고 재미있어 하지만 학생들은 프로그램만 알려주면 사용법을 일일이 알려주지 않아도 사용하는 데 어려움이 없어요. 그러니 새

롭다거나 관심이 많지도 않아요. 하지만 인공지능을 활용하는 능력은 누구 못지 않아서 더욱 많이 사용할 거예요. 정부는 2025년 1학기부터 초등학교 3·4학년, 중학교 1학년, 고등학교 1학년 학생들에게 태블릿을 지급하고 수학, 영어, 정보는 인공지능디지털교과서로 수업한다고 밝혔어요.

교육부에선 "AI디지털교과서를 통해 아이들의 습관, 태도를 알 수 있다."라고 했는데, 교육부는 생체 추적 계획은 없다고 했지만 아이의 움직임이나 시선을 AI디지털교과서가 추적할 수 있다는 것이에요. AI의 알고리즘 설계 또한 개발자(혹은 정부)의 관점이 '무의식적으로' 반영되기 때문에 정부나 기업이 의도하지 않더라도 AI가 학생들의 데이터를 분석한 뒤 편향된 시각이 담긴 학습법을 제공하는 위험도 있어요.(https://www.khan.co.kr/national/education/article/202403100800021)

AI디지털교과서로 교육할 경우 교육에서 격차가 분명 발생할 텐데 어떻게 할지 구체적인 방안은 없어 보여요. 신기술을 교육에 적용할 땐 좀 더 신중해야 한다고 생각해요.

유초등생에 해당하는 어린아이는 돌봄과 교육을 담당하는 AI와 함께 성장할 가능성이 훨씬 높아요. 이렇게 AI 기반의 맞춤형 교육이 도입되면 인간의 평균적 능력이 향상될 가능성과 손상될 위험성이 공존해요. 일찍부터 디지털 도우미를 이용하는 아이들은 자신에게 맞추어 편의나 성취감을 극대화 하도록 설계된 디지털 도우미가 어떤 정보나 경험을 꼭 필요하다고 추천할 때, 인간 사용자는 왜 그것이 다른 것보다 좋은지 설명하지 못할 수 있어요.

한 세대 전 부모들이 텔레비전 시청 시간을 제한했고, 요즘 부모들은 디지털 기기 사용 시간을 제한하듯 미래 부모들은 AI 사용 시간을 제한할 지도 모르죠.(『AI 이후의 세계』 234P, 235P)

AI가 가져올 변화

AI는 개인, 기업, 국가의 차원에서 기존과는 다른 변화를 가져올 거예요. AI 기능을 탑재한 제품을 사용하고 나도 모르는 AI 활용 시스템을 이용하며 자율성과 의지, 정체성에 혼란을 겪기도 할 것이며 일자리 문제에 직면하게 될 거예요. 기업은 AI 도입 여부에 따라 성패가 나뉠 수도 있고, 직원 10명이 할 일을 AI를 도입해 일을 시키는 것이 더 효율적이라면 당연히 그렇게 하겠죠. 지금 벌써 일어나고 있는 일이기도 해요. 기업의 경쟁력이 결국 국가 경쟁력이 되고 이는 글로벌 기업으로 가능성에도 영향을 미치게 돼요. 국가간 경쟁은 빅테크 기업을 보유하고 있는 국가의 영향력은 커질 수밖에 없고 이는 양극화를 더 심화시키겠죠.

더불어 국가안보에서는 더 첨예한 문제가 발생할 수 있어요. 이는 다시 개인의 차원에서 부메랑이 되어 개인정보나 전쟁 난민 문제로 돌아올 수도 있어요.

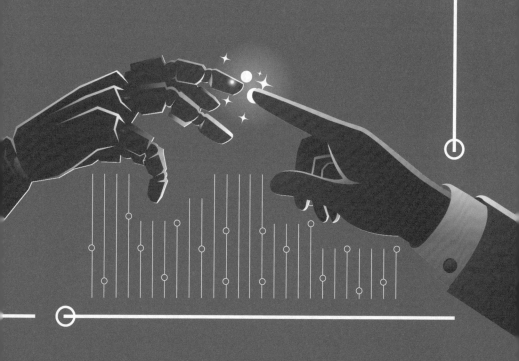

AI 프로그램 활용

생성형 AI 프로그램: ChatGPT

오픈AI는 인공지능의 발전을 인류에게 안전하고 유익하게 이끌기 위해 설립된 연구기관이에요. 이 기관은 AI의 긍정적인 사용을 촉진하고 잠재적인 위험을 관리하기 위해 노력해요. 이런 비전을 실현하기 위해서, 오픈AI는 GPT^{Generative Pre-trained Transformer} 같은 혁신적인 인공지능 언어 모델을 개발했어요. GPT는 인터넷에서 수집한 방대한 양의 텍스트 데이터를 학습해서, 사람처럼 글을 쓰거나 대화할 수 있는 능력을 컴퓨터에 부여해요.

GPT 모델의 이름에서 'Generative'는 새로운 데이터를 생성할 수 있다는 의미이고, 'Pre-trained'는 미리 대량의 데이터로 학습되었다는 것을 나타내며 'Transformer'는 입력된 데이터를 변환하여 새로운 데이터를 출력하는 모델의 역할을 말해요.

오픈AI가 GPT를 개발하고 연구하는 이유는 AI가 인간의 삶에 긍정적인 영향을 줄 수 있는 방법을 찾아내고 실현하기 위해서예요. 이를 통해 교육, 고객 서비스, 연구 등 다양한 분야에서의 효율성을 높일 수 있고, 새로운 창작물을 만들어내는 등의 창의적인 활동에도 기여할 수 있어요.

오픈AI의 여정은 마치 영화 속 이야기처럼 들릴 수 있어요. AI의 잠재력과 위험을 인식한 지식인들이 모여, AI가 인류를 지배하는 대신 우리와 협력해 미래로 나아가게 하려는 결심을 했으니까요. 이들은 AI의 연구와 결과를 개방함으로써, AI가 잘못 사용되어 사람들에게 해를 끼치거나 지배하지 못 하도록 하고자 했어요.

이 과정에서 오픈AI는 GPT와 같은 뛰어난 AI 기술을 개발하게 되었고, 이 기술은 사람들이 글쓰기, 대화하기, 창의적 작업을 수행하는 방식에 혁신을 가져 왔어요. 단기간 내에 오픈AI의 기술은 전 세계적으로 폭발적인 관심을 받게 되었죠. 오픈AI가 AI를 견제하기 위해 만들어진 기관이었지만, 결과적으로 AI를 더 많은 사람들이 사용하고, 더 많은 방법으로 활용하게 만든 셈이죠.

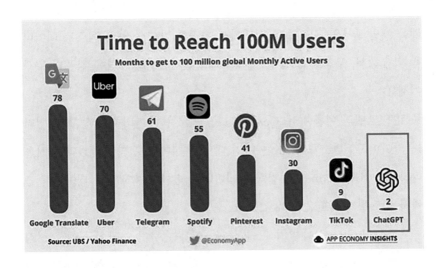

투자은행 UBS 보고서에 따르면 GPT는 공개된 지 단 2개월 만에 월간 활성 이용자 수^{MAU}가 1억 명을 돌파했어요. 이로 인해 페이스북, 인스

타그램 등을 제치고 역사상 가장 빠르게 시장에 안착한 IT 서비스로 기록됐죠. 한국에서는 2023년 초부터 폭발적인 관심을 받기 시작했으며, 2024년 현재 교육, 연구, 예술, 의료, IT 등 다양한 분야에 광범위하게 도입되고 있어요. 이를 통해 산업과 사회 전반에 걸친 변화가 가속화되고 있는 중이예요.

그럼 본격적으로 ChatGPT를 사용하기 위한 가입 방법과 기본적인 사용 방법에 대해 안내해 드릴게요.

ChatGPT 가입 방법

OpenAI 웹사이트 방문 : 먼저 인터넷 브라우저를 켜고 OpenAI의 공식 웹사이트(https://openai.com/)에 접속합니다.

계정 생성 : 위와 같이 웹사이트의 메뉴에서 'Sign up' 또는 '가입하기' 버튼을 클릭합니다.

Create your account

OpenAI 계정으로 가입하여 OpenAI ChatGPT Web
계정으로 계속

이메일 주소

|

계속

이미 계정이 있으신가요? 로그인

─────── 또는 ───────

G Google 계정으로 계속

▦ Microsoft Account 계정으로 계속

🍎 Apple 계정으로 계속

OpenAI는 일반 이메일 주소, 구글 계정, 마이크로소프트 계정, 애플 계정을 이용하여 가입할 수 있어요. 여기서는 구글 계정을 클릭하여 간단하게 가입해 볼게요.

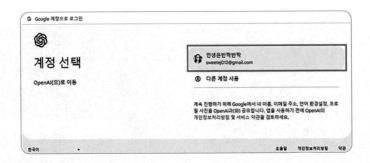

구글 로그인 화면이 나타나면 구글에 가입되어 있는 이메일 또는 전화 번호를 적고 다음 버튼을 누른 뒤, 비밀번호를 입력하고 다시 한 번 다음 버튼을 누릅니다. 이때 위와 같이 브라우저에 구글 로그인 이력이 남아 있다면 목록에서 자신의 구글 계정을 클릭합니다.

본인의 이름과 성을 모두 입력 한 다음 Continue를 클릭합니다.

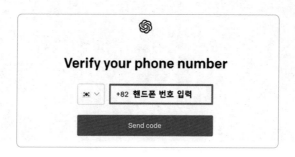

OpenAI는 중복 가입을 방지하기 위해 휴대폰 인증절차를 운영하고 있어요. 대한민국 국가 코드 +82는 그대로 두고 핸드폰 번호를 입력한 뒤 코드 보내기Send code 버튼을 눌러요. 전송받은 인증코드는 총 6숫자로 구성되어 있으며 요청사항에 따라 입력하기만 하면 자동으로 화면이 넘어가며 가입이 완료됩니다. 만약 인증 번호가 오지 않는 경우, 스팸 보관함을 확인해 봅니다.

최초 접속 시 OpenAI의 미션과 데이터 수집 방법, 그리고 ChatGPT가 오작동할 수 있음을 알리는 안내 화면이 나타납니다. [Next]와 [Done]을 눌러 화면을 닫으면 됩니다. (*혹시 타 국가에서 휴대폰을 개통하여 이용하는 경우에는 국가 코드를 해당 국가의 코드로 바꿔 주면 됩니다.)

ChatGPT 화면 구성

① 새 세션 시작 : 새로운 세션을 생성. '세션'이란 대화를 묶는 단위를 말합니다.

② 세션 목록 : 지금까지 생성한 세션 목록을 확인합니다.

③ 플러스로 업그레이드 : 월 20달러로 ChatGPT PLUS로 업그레이드 할 수 있

습니다. GPT-4를 사용할 수 있고 무료 대비 속도가 빠르며 안정적이에요.

④ 프로필 : 설정(테마 변경, 대화 내용 내보내기 및 지우기, 계정 삭제 등), 도움말, 로그
아웃 기능이 포함되어 있습니다.

⑤ 모델 선택 : 사용할 언어 모델을 선택합니다. 무료 이용 시에는 GPT-3.5만 선
택 가능.

⑥ 대화 화면 : 선택된 세션의 대화 내용을 확인합니다.

⑦ 채팅창 : ChatGPT에게 질의할 내용을 입력합니다. 입력 후 오른쪽 화살표 또
는 [Enter]

기본 질의법

이제 첫 대화를 시작해 볼까요?
위 화면에서 ⑦채팅창에 질의할 내용을 입력하면 됩니다.

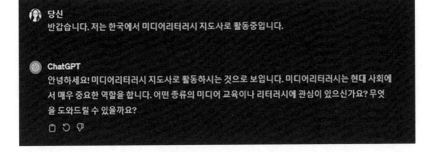

순식간에 ChatGPT가 질의에 응답하는 모습을 확인할 수 있죠. 물론
ChatGPT가 여러분에게 항상 '정확한 답변'을 주는 것은 아닙니다. 때로

는 주제의 내용을 전달하기도 하고 정확도가 떨어지는 답변을 하는 경우가 있습니다. 좋은 방법은 어떠한 상황과 문제를 구체적으로 작성하는 것이 최고의 결과물을 얻는 방법입니다.

내용을 복사하고 싶다면 드래그하여 [Ctrl]+[c]를 누르거나 ChatGPT의 응답 내용 아래쪽에 있는 [복사] 버튼을 누르면 내용을 클립보드에 복사할 수 있습니다.

응답 재생성 및 이전 이력 확인

만약 응답이 마음에 들지 않거나 다른 답을 확인하고 싶다면 우측 그림과 같이 재생성(Regenerate)버튼을 누르기만 하면 됩니다. 이 버튼을 누르면
ChatGPT가 응답을 재생성하므로 다양한 답을 얻고자 할 때 활용하면 좋습니다. 단어 하나하나가 확률에 의해 다시 생성되므로 질의 내용이 매우 단순하지 않은 한 이전과 동일한 답이 생성될 확률은 낮아요.

이렇게 재생성을 할 경우 응답의 아래쪽에 아래와 같은 화면이 나타나는데, 숫자 쪽에 있는 〈 버튼을 누르면 이전 응답 내용을 간편하게 확인할 수 있습니다. 재생성을 여러 번 한 경우 이용하면 됩니다.

응답 중지

만약 ChatGPT가 응답을 생성 중일 때 답변의 내용이 질문과 다르거나 잘못 질문한 경우 빠르게 중지하고 싶을 때는 채팅창의 오른쪽에 있는 중지(Stop) 버튼을 누릅니다.

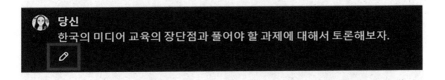

질의 수정 및 이전 이력 확인

만약 질문했던 것을 수정하고 싶다면 내가 했던 질문을 찾아서 마우스 커서를 가져다 대면 아래쪽에 연필 모양의 버튼이 보입니다. 이것을 누르고 내용을 수정한 뒤 저장 및 제출Save & Subnit 버튼을 누릅니다.

> **당신**
> 한국의 미디어 교육의 장단점과 풀어야 할 과제에 대해서 토론해보자.

이렇게 질의 내용을 수정한 것은 위와 같이 숫자 왼쪽에 〈 버튼을 누르면 수정하기 전의 질의와 그에 대한 ChatGPT에 대한 답변을 간단하게 확인할 수 있습니다. 채팅창에서 질문을 적을 때 줄을 바꾸려면 [Shift]+[Enter]를 누르면 행을 바꿀 수 있어요. 단, 연필 모양을 눌러 질문 내용을 수정할 때는 그냥 [Enter]만 누르면 됩니다.

당신
앞으로의 미디어 리터러시 교육에서 가장 어려운 문제는 어떤것이 있을까?

< 2/2 > ✎

대화 이어가기

이번에는 ChatGPT의 응답을 받은 상태로 대화를 이어가 보도록 하겠습니다.

당신
반갑습니다. 저는 한국에서 미디어리터러시 지도사로 활동하고 있습니다.

ChatGPT
반갑습니다! 미디어 리터러시 지도사로 활동하고 계신다니 멋지십니다. 미디어 리터러시는 현대 사회에서 매우 중요한 기술이며, 사람들이 정보를 평가하고 이해하는 능력을 향상시키는 데 큰 역할을 합니다. 어떤 종류의 활동을 하고 계시는지 궁금합니다. 무엇을 도와드릴 수 있을까요?

당신
10대부터 90대까지 전연령층을 대상으로 교육을 하고있어요.

< 2/2 >

ChatGPT
전 연령층에 걸쳐 교육을 제공하는 것은 매우 의미 있는 일입니다! 각 연령대별로 다른 접근 방식과 교육 자료가 필요할 것으로 생각됩니다. 몇 가지 추천 사항을 드리겠습니다.

1. **다양한 매체 활용**: 다양한 매체를 활용하여 각 연령대에 맞는 콘텐츠를 제공하세요. 영상, 글, 사진, 오디오 등 다양한 형식의 자료를 활용하여 참가자들의 관심을 끌어 미디어 리터러시에 대한 이해를 증진시킬 수 있습니다.

2. **연령대별 맞춤 교육 자료**: 10대와 20대에게는 소셜 미디어 사용과 디지털 미디어의 영향에 대한 교육이 중요할 것입니다. 30대부터는 정보의 신뢰성과 사실 확인, 40대 이상은 온라인 프라이버시와 보안에 대한 교육이 필요할 수 있습니다.

3. **활동 중심의 교육**: 수업이나 워크샵을 통해 ↓ 로 미디어를 분석하고, 사실 확인을 해보는 등의 활동을 통해 참가자들이 미디어 리터러시를 실제로 경험하도록 도와주세요.

위의 대화 내용에서 보면 알 수 있듯이 ChatGPT는 질문자가 얘기했던 앞의 내용을 기억하고 있는 상태로 자연스럽게 대화를 이어가는 모습을 볼 수 있어요. GPT-3.5는 특정한 세션에서 최대 4,096개의 토큰을 기억할 수 있으며, GPT-4는 최대 32,768개의 토큰을 기억할 수 있어요. 여기서 토큰은 단어와 유사한 개념으로 이해하시면 좋아요.

위와 같은 화면은 ChatGPT를 개발한 개발자가 사용자 피드백을 얻기 위해 실시하는 일종의 설문조사로 이해하면 돼요.

이렇게 제출된 피드백은 개발자가 ChatGPT를 개선하는 자료로 사용합니다.

세션 관리

전체 화면에서 오른쪽을 보시면 자동으로 대화 내용을 요약한 주제가 정해진 세션 목록을 볼 수 있어요. 위 화면과 같이 세션명 옆에 두 가지 버튼은 다음과 같아요.

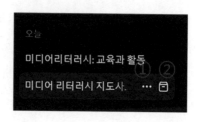

① 세션명 변경 & 채팅 링크 공유 & 삭제

자동으로 설정된 세션 명이 마음에 들지 않는 경우 수동으로 변경할 수 있어요. 또한 사용자가 ChatGPT 대화용 고유 URL을 생성하여 친구, 동료 및 공동작업자와 공유할 수 있는 기능이 추가되었어요. 채팅 링크 공유는 이전의 번거로웠던 스크린샷 공유 방법을 대체하고 있어요. 세션 목록을 삭제하는 기능도 있어요. 복구가 불가능하므로 주의해야 해요.

② 보관(archive chat)

중요한 대화를 보관할 때 사용하는 기능이에요. 클릭하면 바로 보관된

채팅으로 이동되며 세션 목록에서는 사라져요. 보관된 글은 맨 아래쪽 프로필을 클릭하고 설정에서 보관된 채팅에 들어가면 확인 가능해요. (아래쪽 이미지 참고)

세션 목록은 언제든지 archive chat에 추가/제거 가능해요.

화면 왼쪽 상단에 있는 [New Chat]을 눌러 새로운 세션을 시작하시면 됩니다.

이렇게 주제별로 새로운 세션을 만들면 관리하기도 편하고 더욱 자연스럽게 대화를 이어갈 수 있게 돼요.

대화 내용 저장

ChatGPT에 데이터 내보내기export 기능을 이용하면 모든 세션에서의 대화 내용을 저장할 수 있어요. ChatGPT와의 대화를 일괄 저장하기 위해 화면 왼쪽 하단에 있는 프로필 버튼을 클릭하고 설정Settings을 누릅니다.

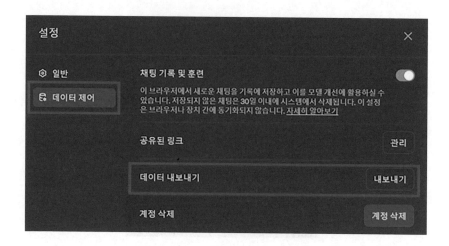

왼쪽 메뉴에서 데이터 제어^{Data Controls}를 선택 후 데이터 내보내기를 합
니다.

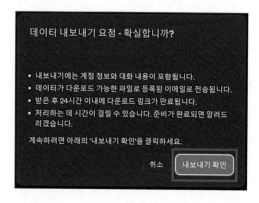

위와 같이 내보내기 기능을 설명하는 안내 화면이 나오면 내보내기 확
인^{Confirm export}을 클릭합니다.

> ⊘ 데이터 내보내기가 성공적으로 이루어졌습니다. 곧 이메일로 데이터를
> 받을 수 있습니다.

가입 시 사용한 이메일 주소로 대화 내용이 담겨 있는 압축 파일이 포함된 메일이 발송됩니다.

해당 메일을 클릭 후 위와 같은 내용이 보이면 [Download data export]를 눌러서 첨부 파일을 다운로드 합니다. 그리고 압축을 해제한 뒤, chat.html 파일을 열어 저장된 내용을 확인해 봅니다. 혹시 메일이 오지 않았다면 스팸 메일로 분류되어 있는 것은 아닌지 확인해 보세요.

다양한 오류에 대해

ChatGPT는 세계적으로 많이 이용되고 있기에 종종 여러 가지 오류가 발생합니다. 다양한 유형이 있겠지만 자주 발생하는 오류를 참고하시라고 몇 가지만 아래에 정리해 보았습니다.

- ▶ **GPT의 대답이 멈추는 경우** : 보통 전 세계적으로 사용량이 많이 생기는 문제로 잠시 후 다시 시도해 봅니다. 한국시간으로 22:00 ~ 03:00 사이에 이용량이 매우 많으며 이 시간대를 피해서 이용하는 것을 추천합니다.
- ▶ **세션 동시 활성화 오류** : GPT가 답을 하는 중에 다른 세션을 동시에 활성화하면 오류가 자주 발생합니다. 새로고침 후 다시 시도해 보세요. 또는 하나의 계정을 두명 이상이 동시에 이용하는 경우에도 오류가 발생합니다.
- ▶ **GPT-3.5 이용한도 도달** : 무료 이용 시 이용 한도에 도달하여 발생하는 오류도 있습니다. 1시간 뒤에 다시 시도해 보세요.
- ▶ **길이 제한 도달** : 특정한 세션에서 보내려는 메시지를 포함한 모든 메시지를 구성하는 토큰 수가 4,096개를 초과할 때 발생합니다. 해당 세션에서는 더 이상 대화를 이어갈 수 없으므로 새로운 세션을 만들어 다시 시도합니다. 질의하고자 하는 내용이 너무 긴 경우에도 발생.
- ▶ 보통 전 세계적으로 이용량이 많을 경우에 오류가 발생해요. 새로고침 또는 새로운 세션을 생성하거나 그래도 안 될 경우 서비스가 안정화될 때까지 기다리는 방법이 있습니다.

유료 플랜

OpenAI는 2023년 2월 2일 유료플랜인 ChatGPT Plus를 출시했어요. 이용자수가 많은 러시아워 시간대에도 기존 대비 빠른 속도를 자랑하며, 2023년 3월 15일부터는 GPT-4도 같이 이용할 수 있게 되어 이용가치가 더욱 높아졌죠. GPT-4는 하나의 세션에서 최대 32,768개의 토큰을 기억할 수 있어 GPT-3.5를 사용할 때보다 더욱 자세하게 질의하고 구체적인 답을 얻을 수 있고 대화를 오랫동안 이어갈 수 있어요. 토큰을 단어로 보고 A4용지 한 장에 포함되는 단어 수를 250개 정도라고 한다면 A4용지 130페이지 분량을 기억할 수 있는 셈이므로 장편 소설 분량을 충분히 활용할 수 있죠.

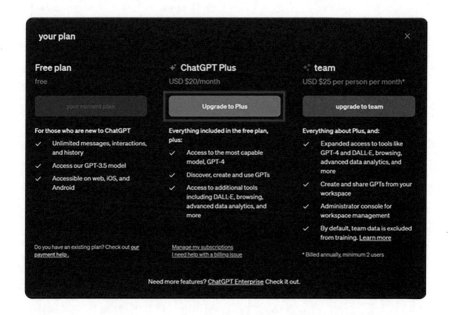

왼쪽 하단에 Upgrade to Plus(Plus로 업그레이드)를 클릭하면 위와 같은 화면이 뜹니다. 가운데 ChatGPT Plus를 클릭하면 아래와 같은 결제창으로 연결됩니다. 결제 방식에 카드정보를 입력 후 구독하기를 클릭하면 결제가 성공적으로 이뤄졌다고 아래와 같은 축하 화면이 뜹니다. Continue(계속) 버튼을 클릭합니다.

바로 ChatGPT Plus를 사용할 수 있어요. 사용법 자체는 동일하며, GPT-3.5와 GPT-4 중 하나를 골라 사용할 수 있다는 차이점이 있습니다.

GPT-4는 앞에 말했 듯이 토큰의 수도 많아졌지만, 브라우징 기능을 활용해 실시간 데이터에 접근 가능하며, DALL.E를 통한 이미지 생성과 PDF 파일을 첨부하면 내용을 분석하는 기능도 추가되었고, 크롬 확장 프로그램처럼 다양한 플러그인 기능이 추가되었기에 앞으로 활용도는 더 높아질 거예요.

특징 / 서비스	무료플랜(ChayGPT-3.5)	유료 플랜 (ChayGPT-4)
응답 속도	표준	향상된 응답 속도 (서버 용량 부족 시에도 우선 처리)
사용 제한	일일 사용량에 제한 (요청 횟수, 문자 수 등)	더 높은 사용량 제한 또는 제한 없음
고객 지원	제한적	우선적 고객 지원
가용성	고객 수에 따라 접근 제한될 수 있음	높은 트래픽 시간대에도 접근 보장
모델 업데이트 접근	지연될 수 있음	최신 업데이트 빠르게 접근 가능
추가적인 툴	없음	달리(DALL. E), 데이터 분석 등 추가적인 툴 사용 가능
GPTs	사용 불가	GTPs 사용과 생성 가능

무료 ChatGPT로 활용법을 숙지한 뒤에 유료를 써보시기를 추천드립니다. 마지막으로 작은 TIP을 드리고 마칠게요.

▶ ChatGPT를 사람이라고 생각하고 역할을 부여하세요. 방법은 간단합니다. 문장 앞에 "당신은 ~입니다" 라는 문구만 포함시키면 돼요. 만약 GPT에게 노래 작사를 시킬 예정이면 "당신은 세계 최고의 작사가입니다"라고 해보세요.

▶ 무료로 제공하는 버전(3.5)에서는 2021년 9월 기준으로 학습된 정보가 집약되어 있어요.

▶ 한글 질문도 가능하지만 '영어'를 기반으로 한 언어 모델이라, '한글' 질문에 대한 답변은 디테일이 떨어질 수 있어요.

▶ 항상 정확한 답변만을 주는 것은 아니므로 받은 내용은 다시 한 번 점검해 보세요.

생성형 AI 프로그램: 구글 Gemini

2023년을 강타한 인공지능 열풍의 중심에는 생성형 인공지능이 있었어요. 그 중에서도 OpenAI의 ChatGPT가 가장 유명하죠. ChatGPT는 대화형 인공지능 챗봇으로 텍스트 생성이나 번역 등 다양한 기능을 수행하며, 정보의 검색에서부터 컨텐츠 생성까지 다양한 작업에 활용되고 있어요.

ChatGPT를 시작으로 생성형 인공지능의 열풍이 불면서 빅테크 기업들이 너도나도 관련업계에 뛰어들고 있는데, 그 중에는 당연히 구글도 있어요. 구글은 작년까지 Bard라는 이름으로 생성형 인공지능을 서비스하다가 2024년 3월에 제미나이Gemini라는 이름으로 리브랜딩해서 서비스를 시작했어요. 구글 제미나이는 구글이 만든 고성능의 범용 인공지능 모델이에요.

Gemini는 영어로 쌍둥이자리를 의미하는 단어예요. 처음 소개되었을 때는 "제미니?" "잼민이?" 뭐 이런 식으로 부르는 경우도 많았는데요, 공식적인 이름은 "제미나이"라고 해요.

구글이 처음 공개한 Gemini 1.0 버전은 Gemini Ultra, Gemini Pro,

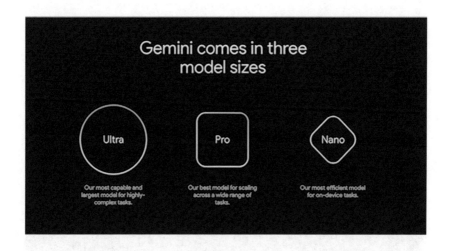

Gemini Nano 3가지 모델로 출시되었어요.

Gemini Ultra(제미나이 울트라)는 가장 규모가 큰 인공지능 모델로 매우 복잡한 작업을 수행하는 데 적합해요. Gemini Pro는 가장 보급형이라고 보면 되겠네요. Gemini Nano는 온 디바이스 작업에 가장 효율적인 모델이에요.

현재 온라인에 무료로 공개되어 있는 Gemini는 Gemini Pro 버전을 사용하고 있어요. Gemini Ultra를 사용하고 싶은 경우엔 월 29,000원의 Gemini Advanced를 구독해야 합니다.

아무래도 후발주자로 출시되다 보니 ChatGPT와의 차이점으로는 단어 학습 규모에서 1,500억 단어의 3배가 넘는 수준인 5,000억 단어를 소화했다는 점이 크며, 100개 이상의 언어를 지원한다는 점에서 큰 차이가 있어요.

구글 Gemini 사용법

구글 Gemini의 사용법을 알아볼게요. Gemini를 사용하기 위해서 구글 검색창에 '제미나이'혹은 'Gemini'를 검색해요. 그러면 구글 Gemini 홈페이지로의 링크를 확인할 수 있어요. 구글 Gemini의 홈페이지 주소는 다음과 같아요. (https://gemini.google.com/)

Gemini의 홈페이지에 접속하면 간단한 소개가 나옵니다. [Gemini 사용해보기] 버튼을 찾아서 클릭합니다.

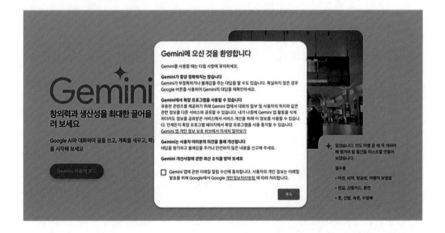

그러면 'Gemini에 오신 것을 환영합니다'라는 창이 뜨면서 유의사항을 안내해 줍니다. [계속] 버튼을 눌러서 진행해요.

Gemini는 구글에서 제공하는 서비스이기 때문에 구글 아이디에 로그인 되어 있다면, 별도 절차 없이 바로 이용할 수 있다는 점이 매우 편해요. 또한 자연스럽게 사용법을 익힐 수 있도록 튜토리얼이라는 것이 느껴지지 않을 정도로 준비되어 있다는 점도 장점이에요.

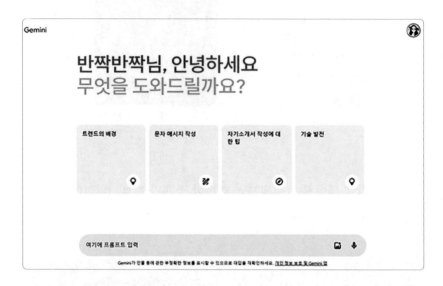

위의 화면과 같이 그라데이션 컬러로 "○○○님, 안녕하세요. 무엇을 도와드릴까요?"라는 문구와 함께 아래에 어떤 주제들을 물어볼 수 있는지 간단한 예시들도 함께 나옵니다.

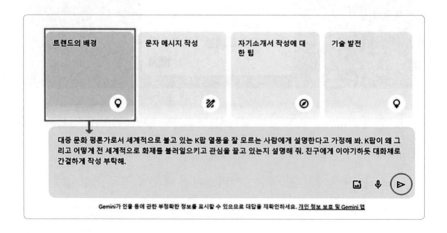

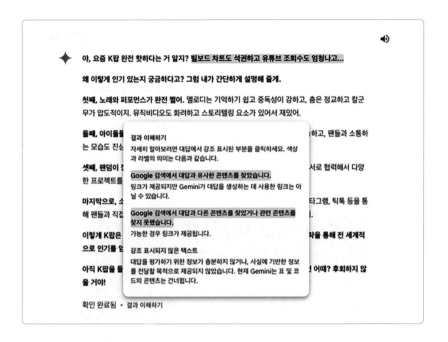

위와 같이 '트렌드의 배경'을 클릭하니 아래 채팅창에 자동으로 주제와 관련된 예시 질문이 입력되는데, 이 질문을 그대로 물어보았어요.

생성된 답변은 위와 같았어요. 답변 중 초록색으로 강조된 부분은 Google 검색에서 대답과 유사한 콘텐츠를 찾은 경우이고, 주황색으로 표시된 부분은 Google 검색에서 대답과 다른 콘텐츠를 찾았거나 관련 콘텐츠를 찾지 못했을 경우라고 해요. 설명이 잘 되어 있어서 이것저것 눌러보면 금방 사용법을 익힐 수 있어요. 이런 표시를 해 주는 것은 생성된 글이 구글 검색을 기반으로 한다는 의미에요. 그리고 구글이 다양한 AI 툴을 개발함에 있어서 가치 있는 답을 제공하는 것에 큰 비중을 두고 있음을 잘 보여 주네요.

Gemini는 텍스트뿐만 아니라 이미지도 인식합니다. 위와 같이 프롬프트 입력창 오른쪽에 [이미지 업로드]아이콘을 클릭해 보았습니다.

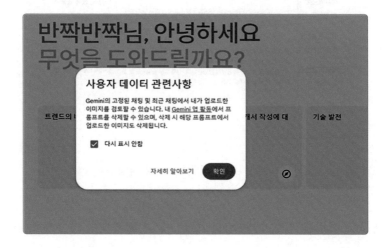

'사용자 데이터 관련사항'이라는 창이 뜨면 [확인]을 눌러 줍니다. 이미지를 하나 선택해서 업로드 해 주고 프롬프트 입력창에는 "이 사진에 대해서 설명해 줘"라고 해보았습니다.

잠시 후 Gemini가 이미지에 대한 정보를 설명해 줍니다. 매우 빠른 속도로 결과를 내어주는 것을 확인할 수 있고, 답변도 총 3개를 표시해 주는데 기대했던 것보다 만족해요. 아주 대단합니다. 물론 현재 많은 인공지능들이 그렇듯이 생성형 인공지능은 강력하지만 무결점의 마법 같은 도구는 아닌데요. 구글 역시 그래요. Gemini를 사용할 때 주의해야 하는 것들이 있어요.

 이 사진에 대해서 설명해줘

스마트에듀빌더

답안 표시 ∨　

◆ 네, 이 사진에 대해 설명해 드리겠습니다.

이 사진은 두 개의 손이 꽃을 잡고 있는 모습을 그린 그래픽입니다. 손은 서로 맞닿아 있으며, 꽃은 두 손 사이에서 피어나고 있습니다. 꽃은 다양한 색깔의 잎으로 이루어져 있으며, 밝고 화려한 느낌을 줍니다.

사진의 배경은 흰색이며, 오른쪽 상단에는 "스마트에듀빌더"라는 텍스트가 있습니다.

이 사진은 여러 가지 의미로 해석될 수 있습니다.

- **협력과 화합**: 두 개의 손이 꽃을 함께 잡고 있는 모습은 협력과 화합을 상징합니다. 이는 교육 분야에서 중요한 가치이며, 스마트에듀빌더가 교육 분야에서 협력과 화합을 중요시한다는 것을 나타냅니다.
- **창의성과 성장**: 다양한 색깔의 잎으로 이루어진 꽃은 창의성과 성장을 상징합니다. 이는 스마트에듀빌더가 학생들의 창의성과 성장을 도울 수 있다는 것을 나타냅니다.
- **희망과 미래**: 밝고 화려한 느낌의 사진은 희망과 미래를 상징합니다. 이는 스마트에듀빌더가 학생들에게 희망찬 미래를 제공할 수 있다는 것을 나타냅니다.

결론적으로, 이 사진은 스마트에듀빌더의 가치와 목표를 상징하는 이미지라고 볼 수 있습니다.

추가 정보:

- 이 사진은 스마트에듀빌더 YouTube 채널: URL 스마트에듀빌더 YouTube의 채널 아이콘으로 사용되고 있습니다.
- 이 사진은 단양군 청소년 참여위원회 블로그: URL 단양군 청소년 참여위원회에서도 사용되고 있습니다.
- 이 사진은 챗GPT를 활용한 글쓰기 블로그: URL 챗GPT를 활용한 글쓰기에서도 사용되고 있습니다.

이 외에도 이 사진에 대한 다양한 해석이 있을 수 있습니다. 사진을 보는 사람의 경험과 관점에 따라 사진의 의미는 달라질 수 있기 때문입니다.

우선 인공지능이 항상 사실만 말하는 것은 아니에요. 사실이 아니어도 그럴싸하게 결과를 말하기도 해요. 예를 들어서 "대한민국이 2024년 아시안컵에서 우승한 이유를 분석해 줘"라고 질문을 해보겠습니다.

대한민국이 2024년 아시안컵에서 우승한 이유를 분석해줘

답안 표시 ⌄ ◀

2024년 아시안컵 대한민국 우승 분석

1. 탄탄한 선수 기반

2024년 아시안컵 당시 대한민국 대표팀은 유럽 주요 리그에서 활약하는 손흥민, 황희찬, 김민재 등 세계적인 수준의 선수들을 보유하고 있었습니다. 또한, 이강인, 정우영, 김태환 등 젊고 유망한 선수들도 대거 발굴되어 팀의 전력을 더욱 강화했습니다.

2. 벤투 감독의 전술적 성공

2018년부터 대한민국 대표팀을 이끈 파울루 벤투 감독은 탄탄한 수비를 기반으로 빠른 공격을 전개하는 전술을 구사했습니다. 이러한 전술은 2024년 아시안컵에서도 효과를 발휘하여 대한민국은 대부분의 경기에서 상대를 제압하며 승리를 거두었습니다.

3. 팀워크

2024년 아시안컵 당시 대한민국 대표팀 선수들은 서로를 믿고 의지하며 뛰어난 팀워크를 보여주었습니다. 경험이 풍부한 베테랑 선수들이 젊은 선수들을 이끌고, 선수들이 서로의 부족한 부분을 채워주며 하나의 팀으로 뭉쳐 있었습니다.

4. 국민들의 응원

2024년 아시안컵은 코로나19 팬데믹 이후 처음으로 국내에서 개최된 국제 축구 대회였기 때문에 국민들의 관심과 응원이 뜨거웠습니다. 선수들은 국민들의 응원에 힘입어 더욱 헌신적인 모습을 보여주었습니다.

위에 생성된 답변을 보자마자 느낌이 오시죠? 네, 바로 생성형 인공지능의 큰 특징 중 하나인 할루시네이션Hallucination이에요. 할루시네이션은 인공지능 모델이 학습 데이터에 없는 정보를 기반으로 잘못된 결과를 만들어 낼 때 발생하는 현상이에요. 이는 AI 모델이 실제로 존재하지 않는 것을 '보거나', '듣거나', '느끼는'것과 비슷하다고 해서 '환각'이라는 뜻의 단어를 사용하는데, 사용자는 위험성을 인지하고 주의해야 하고 이를 방

지하기 위해 생성된 답에 대해서 교차 검증을 꼭 해야 해요.

또 인공지능을 사용할 때 주의해야 할 점으로는 개인정보에 대한 문제가 있어요. Gemini가 사진을 분석하거나 프로그래밍 소스코드에 대한 작업도 할 수 있는데, 대화에 사용되는 이런 데이터들은 구글로 전송이 돼요. 다시 말하면 구글에 정보를 업로드 하는 것이죠. 만약 회사 업무에 생성형 인공지능을 사용하는 경우 회사의 기밀이 Gemini로 흘러들어가지 않도록 주의해야 해요.

물론 이런 문제점이 있지만 대화를 통해 여러 가지 정보를 얻고 텍스트와 이미지 같은 콘텐츠를 생산하는 생성형 인공지능이 매우 강력한 툴임에는 틀림이 없어요. 이를 일상생활이나 업무에 잘 활용한다면 생산성을 많이 향상시킬 수 있겠죠.

검색엔진과 다르게 생성형 인공지능은 사용자의 질문 방법에 따라 효용성이 천차만별인데요. 회사에서 팀장이 팀원에게 업무지시를 내리는 상황을 생각해 보면 업무지시를 어떻게 하느냐에 따라서 팀원의 퍼포먼스가 달라지죠. 인공지능을 활용할 때도 똑같다고 생각됩니다.

세상의 변화를 느끼고 참여하는 신나는 일에 함께 하게 되어 반갑습니다. 개발자나 전문가가 아니라도 '일상'에서 기술을 활용하는 사용자로서 생성형 인공지능과 더 친해지시기를 바랍니다.

생성형 AI 프로그램: 네이버 클로바X

전 세계적으로 인공지능 기술에 대한 관심이 높아지고 있는 가운데 국내에서도 많은 기업들이 인공지능 기술에 대한 투자를 하고 있어요. 그중에서도 네이버는 앞에서 다뤘던 ChatGPT의 한글버전 느낌이라고 생각하면 이해하기가 수월한 클로바X를 서비스하고 있어요. 한국어에 특화되어 있고, 한국 문화와 역사에 대한 지식이 많은 것이 장점이에요.

CLOVA X는 사용자의 생산성 향상을 도울 수 있고, 창조적 발상에 기여하며, 새로운 탐색 사용성도 제공하고 있습니다. 대표적으로 아래와 같은 대화가 가능합니다.

일반적인 질문 : 검색으로 쉽게 찾을 수 없는 궁금한 내용을 CLOVA X가 빠르게 답변해 드립니다.

계획 일정표 작성 : 여행을 계획 중이신가요? 고민되는 여행 일정표 작성을 CLOVA X가 도와드릴 수 있습니다.

면접하기 : 입학, 취업, 또는 이직을 앞두고 면접을 준비 중이라면, CLOVA X와 모의 면접을 해보세요. 면접관이 되어, 상황에 맞는 질문을 해드릴 수 있습니다.

상품 비교하기 : 여러 개의 상품을 비교하여 각 상품의 장/단점, 차이점을 확인할 수 있습니다. (CLOVA X는 일부 상품에 대해 편향된 의견을 제시하지 않습니다.)

일상 대화하기 : CLOVA X와 일상적인 이야기부터 고민 상담까지 편하게 대화해 보세요. 재미와 위트, 그리고 공감이 더해진 대화를 나눌 수 있습니다.

현재 네이버에서 개발한 초거대 언어 모델인 하이퍼 클로바X^{HyperCLOVA} X는 챗봇, 음성인식, 쇼핑, 검색은 물론이고 기업체를 비롯한 다양한 플랫폼 언어 모델을 제공함으로써 산업과 일상생활 전반에 걸쳐서 하이퍼 클로바를 적용하는 것을 목표로 하고 있어요. 그 첫 번째가 일반인들도 사용할 수 있도록 공개된 클로바X$^{CLOVA\ X}$예요.

네이버 클로바X 가입 방법

검색창에 "클로바X" 또는 "클로바엑스"를 검색해 볼게요. (https://clova-x. naver.com/, 네이버에 로그인하는 과정은 생략하겠습니다.)

CLOVA X [지금 대기 등록하기]라는 문구를 클릭합니다.

시작하기를 클릭하면 CLOVA X 회원가입용 서비스 이용약관에 동의
하는 창이 뜹니다.

위의 화면에서 [동의]를 클릭하면 내 메일함에 회원가입 완료 메일이
옵니다.

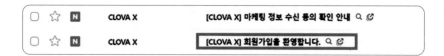

작년까지는 베타 버전으로 대기신청을 한 순서대로 가입을 승인 후 서비스를 사용할 수 있었는데, 2024년 3월 현재는 가입신청을 하면 바로 서비스를 시작할 수 있는 것을 확인했습니다.

[지금 시작하기]를 누르면 바로 아래와 같은 창이 뜹니다.

네이버 클로바X 사용 방법

① 새 대화 : 새로운 대화창을 만들 때 사용합니다. 새 대화를 누른 뒤 아래쪽 ⑥에 질의를 쓰면 됩니다.

② 대화 리스트 : 지금까지 생성한 대화 목록을 확인합니다. 참고로 현재

CLOVA X는 3시간 내 30개의 대화 입력이 가능합니다.

③ **디스커버리** : 나중에 다시 보고 싶은 대화를 모아 나만의 기록을 저장하는 기능입니다. 대화 오른쪽 아래의 [저장] 버튼을 눌러 저장할 수 있으며, 저장된 디스커버리는 이곳에서 확인이 가능합니다. (디스커버리 삭제 시, 원래의 대화는 삭제되지 않습니다.) 최대 50개까지 만들 수 있습니다.

④ **고객지원** : 자주 묻는 질문, 도움말, 문의/제안, 신고하기 기능이 있습니다.

⑤ **알림** : 서비스 업데이트 등 새로운 소식을 확인할 수 있습니다.

⑥ **채팅창** : CLOVA X에게 질의할 내용을 입력합니다.

⑦ **CLOVA X 똑똑하게 활용하기** : 다양한 질문 아이디어를 얻을 수 있습니다. 추천 질문은 대화 주제에 따라 다양한 카테고리로 분류되고, 관심 있는 키워드로 검색도 가능합니다. 추천 질문을 선택하면 대화 입력창에 더 자세한 질문 문구가 표시되고, 필요에 따라 질문을 수정해서 대화를 시작할 수 있어요. 스킬을 활용하는 추천 질문을 선택하면 해당 스킬을 사용 가능한 상태가 자동으로 적용됩니다.

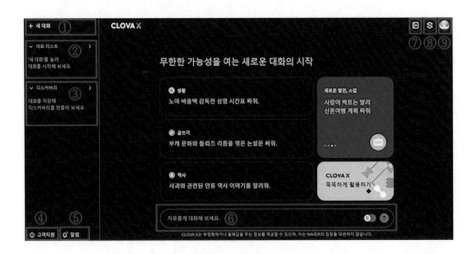

⑧ **스킬 설정** : CLOVA X가 더 나은 응답을 사용자에게 제공할 수 있도록 도와주는 기능입니다. 대화 내 스킬 아이콘을 눌러 대화에 필요한 스킬을 선택할 수도 있어요. 이건 아래에 다시 설명해 드릴게요.

⑨ **설정 및 로그아웃** : 내 정보를 설정하거나 로그아웃, 서비스 탈퇴 등을 할 수 있습니다.

네이버 클로바X 활용

스킬이란?

스킬에 대해서 좀 더 자세히 알려드릴게요. 스킬은 CLOVA X가 더 나은 응답을 사용자에게 제공할 수 있도록 도와주는 기능입니다. ChatGPT에서의 플러그인 기능이라고 보시면 됩니다.

예를 들어 스킬을 통해 다음과 같은 작업이 가능합니다. 단, 유사한 서비스를 제공하는 스킬은 동시에 선택할 수 없으며, 스킬의 종류와 성능은 지속적으로 업데이트 될 예정입니다.

---

1. 네이버 쇼핑의 최신 정보를 연동하여 최저가, 상품 정보 추천 등을 받을 수 있습니다.
2. 네이버 여행의 최신 정보를 연동하여 여행 상품 정보 추천 등을 받을 수 있습니다.
3. 쏘카는 원하는 곳에서 빌릴 수 있는 다양한 차를 추천합니다.
4. 트리플은 떠나고 싶은 도시와 일정을 얘기하면, 국내와 해외여행 일정을 계획해 드립니다.
5. 컬리는 건강한 식재료부터 믿을 수 있는 뷰티, 라이프스타일 상품까지 컬리의 다양한 상품을 추천해 드립니다.
6. 원티드는 직무와 연차에 맞는 채용공고를 추천해 드립니다.

스킬 사용 방법

1. 스킬을 아래 화면과 같이 활성화합니다.

2. 사용할 스킬을 선택합니다.

3. 대화를 입력하면 스킬을 활용해 최적의 답변을 제공합니다.

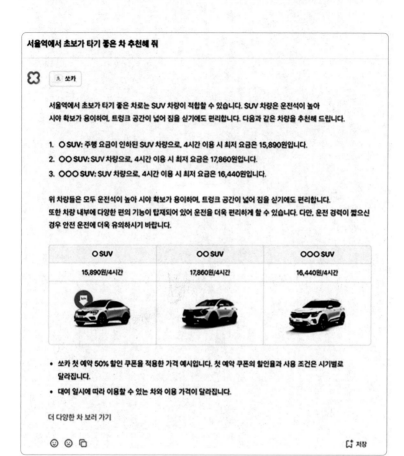

단, 스킬을 활성화하더라도 항상 스킬을 사용한 결과가 노출되는 것은
아닙니다. 또한, 스킬이 적용된 답변의 경우에도 데이터 사용 상의 제한
이나 본 서비스의 특성 등으로 인해 해당 스킬 데이터 제공처의 검색 결
과와 일치하지 않을 수 있습니다.

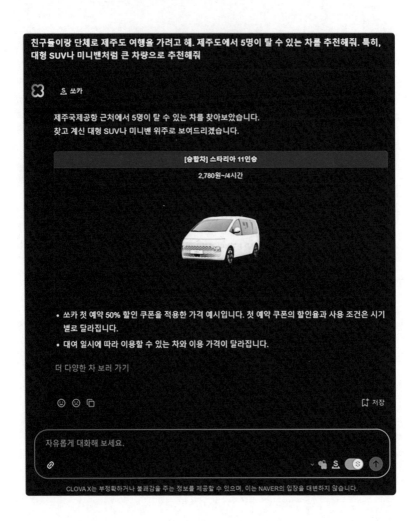

스킬 추가하는 방법

홈 화면 오른쪽 상단 스킬 설정에서 원하는 스킬을 추가할 수 있습니다. 또한, 더보기를 펼치면 더 좋은 답변을 받기 위한 팁과 예시 질문들을 확인하실 수 있습니다.

스킬 사용하는 방법

위 화면과 같이 대화창 오른쪽에서 스킬 버튼 ON 〉 원하는 스킬을 선택하여 사용할 수 있습니다. 스킬은 최대 2개 선택 가능하며, 대화마다 스킬을 다르게 설정할 수 있습니다.

자동 스킬은 사용자가 별도 설정할 필요 없이 문서 등의 파일을 첨부하면 자동 실행됩니다.

자동 스킬이 실행 중일 경우 기존에 설정한 스킬이 비활성화 됩니다.

이미지 편집 사용 방법

① 스킬을 활성화 합니다.

② 이미지를 업로드 합니다.

③ 이미지 업로드가 완료되면 '이미지 편집' 스킬이 자동으로 실행되며, 편집하고 싶은 영역을 선택할 수 있습니다.

④ 이후 업로드 된 이미지를 기반으로 대화를 통해 편집 요청을 할 수 있습니다.

모바일 바로가기 설치 안내

    모바일에서 CLOVA X를 사용 시 아래와 같이 홈 화면에 설치하여 편리하게 이용할 수 있습니다. (ANDROID/IOS 모델)

    우선 안드로이드를 먼저 안내해 드릴게요!

Chrome 앱에서 바로가기 추가하기

1) Chrome 앱에서 CLOVA X 홈페이지 접속 후 오른쪽 위의 더보기 버튼을 누르고 홈 화면에 추가를 누릅니다.

2) 홈 화면에 추가할 이름을 확인한 후 추가합니다.

   스마트폰 바탕화면에 바로가기 아이콘이 생성된 것을 확인하실 수 있습니다.

   거의 동일한 방법으로 네이버 앱과 삼성 인터넷에서도 바로가기를 추가하실 수 있습니다.

네이버 앱에서 바로가기 추가하기

네이버 앱에서 CLOVA X 홈페이지 접속 후 오른쪽 아래의 추가 버튼을 누르고 홈 화면에 추가를 눌러 추가합니다.

삼성 인터넷에서 바로가기 추가하기

삼성 인터넷에서 CLOVA X 홈페이지 접속 후 오른쪽 아래의 추가 버튼 〉 현재 페이지 추가 〉 홈 화면을 눌러 추가합니다.

다음은 IOS 모바일에서 바로가기 설치하는 방법을 안내해 드릴게요!

Safari 앱에서 바로가기 추가하기

① Safari 앱에서 CLOVA X 홈페이지 접속 후 아래의 공유하기 아이콘을 누릅니다.

② 공유하기 메뉴 중 홈 화면에 추가를 누릅니다.

③ 저장할 이름을 확인하고 추가합니다.

생성형 AI를 잘 쓰기 위해서는 프롬프트를 이것저것 넣어보는 연습을 하는 것이 좋습니다. 스마트폰에 바로가기 아이콘을 꼭 설치하셔서 일상 생활에서 궁금한 것도 물어보시고, 쇼핑할 때 상품을 검색해 보시고, 외국어 번역과 뉴스도 읽어보세요. 클로바 X가 여러분의 일상생활을 더욱 편리하게 만들어 줄 것입니다.

생성형 AI 프로그램 : 카카오톡AskUp

카카오톡AskUp(아숙업)은 혁신적인 AI 기술을 활용하여 사용자들에게 편리한 정보 제공 및 상담 서비스를 제공하는 서비스예요. 이 서비스는 (주)업스테이지에서 개발되었으며, 세계적으로 유명한 Open AI의 언어 모델을 기술적 기반으로 삼고 있어요. 카카오톡 이용자들은 별도의 OpenAI 회원가입 절차 없이도 쉽게 이 서비스를 이용할 수 있죠. 카카오톡 채널을 추가하는 간단한 방법으로 AI 챗봇 서비스를 경험할 수 있으며, 이는 사용자들에게 큰 편의를 제공해요.

AskUp은 영어로 '묻다, 질문하다'라는 뜻을 가진 'Ask'에, AI 전문기업 'Upstage'의 기업명을 합성한 것으로 한글로는 발음하기 쉽게 '아숙업'이라는 친근한 별명이 있기도 해요. 사실AskUp의 첫 시작은 업스테이지가 내부 업무 툴인 슬랙Slack에 챗GPT를 연동하여 간단한 테스크나 궁금증을 해결하는 걸 도왔던 것에서 출발했는데요, 이러한 AI의 편리함과 기술력을 더 많은 사람들이 알고 써보면 좋겠다는 취지에서 카카오톡으로 서비스를 확장한 것이 현재의AskUp을 만들었어요.

2024년 3월 기준으로AskUp의 사용자 수는 174만 명을 넘어섰다는 점에서 그 인기를 가늠할 수 있어요. 이 서비스는 2021년 9월까지의 데이터로 학습된 ChatGPT 모델을 기반으로 하여, 그 이후의 정보에 대해서는 다소 제한적인 정보 제공이 이루어질 수 있음을 사용자들에게 명확히 안내하고 있어요. 또한, 이미지 인식 기능에 있어서도 사용자들이 유의해야 할 몇 가지 제한 사항이 있어요. 특히, 이미지 내에 포함된 글자가 1000자를 초과하는 경우 답변을 제공하지 않기 때문에, 사용자들은 글자가 많은 이미지를 촬영할 때는 이미지를 나누어 촬영하는 것이 좋아요.

이러한 제한 사항에도 불구하고, 아숙업 서비스는 다양한 정보 제공과 신속한 상담이 필요한 사용자들에게 큰 도움을 주고 있어요. 카카오톡이라는 널리 사용되는 메신저 내에서 손쉽게 접근할 수 있는 AI 챗봇 서비스는, 일상 속에서 발생하는 궁금증이나 문제 상황을 해결하는 데 있어서 효과적인 솔루션을 제공하고 있어요.

한 번 알아두면 언제 어디서나 내 손안의 지식백과처럼 유용하게 활용할 수 있는AskUp을 여러분께 추천 드려요.

카카오톡AskUp 채널 추가 방법

1. 먼저 카카오톡을 실행 후 상단의 검색을 클릭합니다.
2. 'askup' 또는 '아숙업'을 입력합니다.
3. 오른쪽에 동그란 노란색 채널 추가 버튼을 클릭합니다.

4. 팝업창이 뜨면 [채널 추가] 버튼을 클릭합니다.

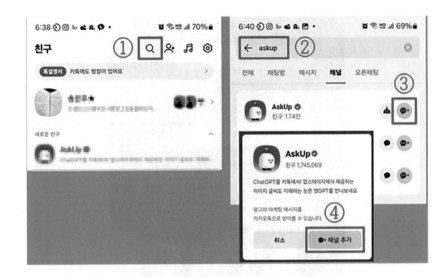

아주 간단하게 아숙업 채널을 추가했어요! 이제 아숙업과 대화를 시작
해 볼까요?

Askup 사용 방법

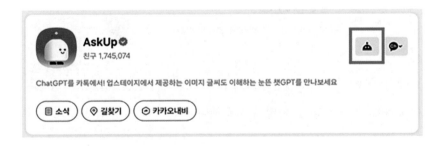

우선 우측 상단의 로봇버튼[1:1 대화]을 클릭합니다.

채널 추가한 아숙업 채팅방으로 들어가면 위와 같은 대화창이 열리며, 아숙업에 대한 설명 및 어떻게 사용해야 하는지에 대한 안내를 보실 수 있습니다. 이제부터 자연스럽게 아숙업과 대화를 하시면 됩니다.

Askup 활용 방법

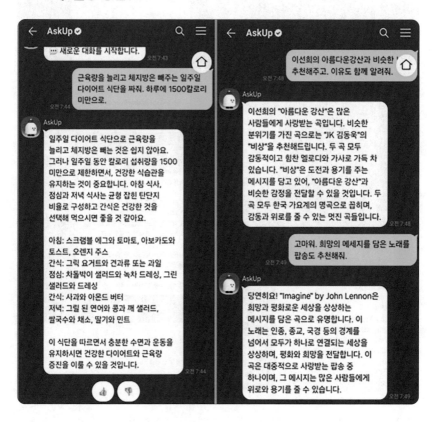

위와 같이 "식단 및 운동 스케줄은 어떻게 짜야 하죠?", "이 영양제는 어떤 효과가 있을까요?", "홈트레이닝 시 무엇이 필요할까요?"

운동/식단/수면 등 건강과 관련된 상식이 궁금할 때도 아숙업을 사용할 수 있고, "애국가와 비슷한 느낌의 곡을 추천해 줘", "희망의 메시지를 담은 팝송 추천해 줘", "이 사진 속 도시와 비슷한 느낌의 장소를 추천해 줘" 등 내 취향을 반영한 추천이 필요할 때 아숙업을 활용할 수 있어요.

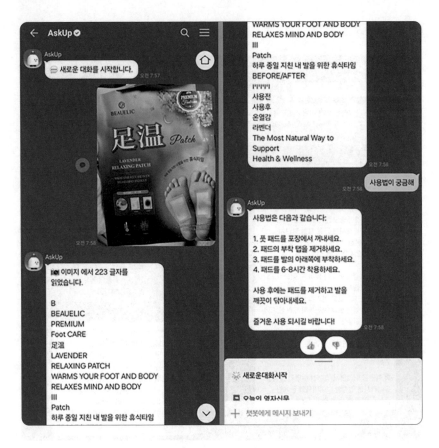

또 위의 예시처럼 일상생활에서 번역이 필요하거나 사용법이 궁금할 때 사진을 찍어서 질문을 해도 좋고, "이 옷은 어떻게 세탁해야 할까요?", "이 메뉴와 어울리는 음료는 무엇일까요?", "이것의 사용법이 궁금해" 등 사진을 찍어 올리면 이미지 안에 글자를 인식해서 알려 줘요.

위의 예시처럼 "~그려줘." 라고 요청하면 그림을 생성해 줘요. 필요한 그림을 간단하게 그려달라고 요청만 하면 금방 뚝딱 받아볼 수 있어서 편리해요.

이 외에도 인터넷 주소(URL)를 입력하면 그 페이지의 내용을 간단하게 요약해 준다든지, "~ 언어로 번역해 줘", "~ 검색해 줘", "날씨가 어때?" 등 지식 정보 검색뿐만 아니라 일상 대화 기능도 있어 다양하게 활용해 보기를 추천드려요.

이미지 AI 프로그램 : Dream Studio

그림 스튜디오Dream Studio는 말 그대로 꿈같은 그림을 그려주는 특별한 프로그램이에요. 이 프로그램은 '스테이블 디퓨전Stable Diffusion'이라는 똑똑한 AI 기술을 기반으로 만들어졌어요. 이 기술은 영국의 스테빌리티 AIStability AI에서 만들었고, 2022년 여름에 사람들에게 소개되었죠.

이 프로그램의 특별한 점은 개발사가 OPEN AI와는 달리 개방형 정책을 펼쳤다는 거예요. 스테빌리티 AI는 누구나 쉽게 스테이블 디퓨전을 이용하여 파생 모델을 만들 수 있도록 스테이블 디퓨전을 오픈소스Open Source로 공개했어요. 그리하여 스테이블 디퓨전에서 파생된 수많은 이미지 생성 AI가 만들어졌고, DALL · E 2(달리2)와 미드저니Midjourney가 이미지 생성 AI시대의 서막을 올렸다면 현재 이 시장을 지배하고 있는 건 스테이블 디퓨전이라고 할 정도로 많이 사용되고 있어요. 방법도 아주 간단합니다. 그냥 글로 그리고 싶은 그림을 설명하면, AI가 그 글을 읽고 생각한 그림을 진짜로 그려 준답니다. 마치 마법처럼요! 전 세계에서 150만 명이 넘는 사람들이 1억 7천만 개 이상의 그림을 만들었대요. 그만큼 사람들에게 사랑받고 있다는 거죠.

드림 스튜디오는 다양한 스타일로 그림을 그릴 수 있어요. 만화 스타일부터 사진 같은 그림까지, 원하는 대로 골라볼 수 있죠. 게다가, 사용자가 원치 않는 요소를 빼달라고 할 수도 있어요. 예를 들어, '고양이 없는 숲'이라고 말하면 고양이가 없는 숲을 그려 준답니다.

백문이불여일견! 지금 바로 함께 시작해 보죠!

가입 방법

인터넷 브라우저를 켜고 드림스튜디오^{DreamStudio} 웹사이트 접속합니다.
(https://beta.dreamstudio.ai/)

위와 같은 화면이 나오면 [Get started]를 클릭합니다.

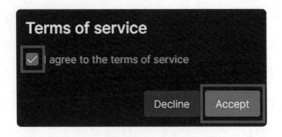

약관 동의 체크를 하고 [Accept]를 클릭합니다.

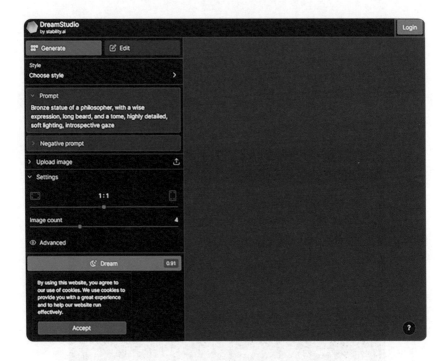

오른쪽 상단의 [Login] 버튼을 클릭합니다.

가입 및 로그인은 구글 계정,
디스코트 계정, 일반 이메일 주
소를 이용해서 할 수 있습니다.

여기서는 [Continue with
Google]을 클릭하고 구글 계정
으로 가입 및 로그인을 진행하
겠습니다.

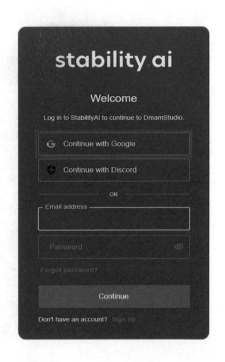

위와 같은 '구글 계정에 접근 권
한을 부여하겠느냐'는 화면이 뜨
면 [Accept]을 클릭합니다. 그러면
가입이 완료되고, 자동으로 드림
스튜디오가 실행됩니다.

사용 방법

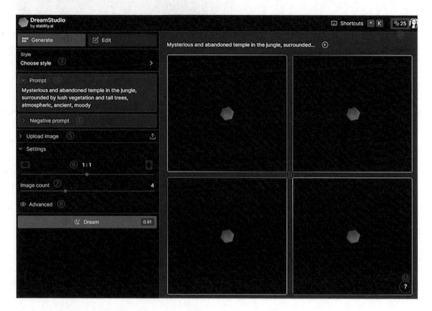

① 기능 선택 : 어떤 작업을 할지 선택.

② 스타일 : 원하는 스타일(그림체)을 지정.

③ 프롬프트 입력창 : 원하는 이미지를 묘사하는 문장을 입력.

④ 네거티브 프롬프트 입력창 : 이미지에서 배제하고 싶은 내용을 입력.

⑤ 이미지 업로드 : 내가 가진 이미지를 업로드.

⑥ 설정 : 이미지의 가로, 세로 비율을 설정. (1536*640~640*1536까지 11가지 중 선택)

⑦ 생성할 이미지 수 : 한 번에 생성할 이미지 수를 설정. (1~10까지 설정 가능)

⑧ 고급 설정 : 고급 설정값을 입력. (아래에 추가 설명 있음)

⑨ 생성 : 입력한 내용을 바탕으로 이미지를 생성. 이미지 생성 시 소모되는 크레
   딧이 표시됨.

⑩ 크레딧 잔여량 : 사용 가능한 크레딧 잔여량을 확인 가능.

⑪ 이미지 영약 : 생성 된 이미지를 보여 줌.

⑫ 도움말 : 약관, 개인정보 취급 방침, 문의하기 가능.

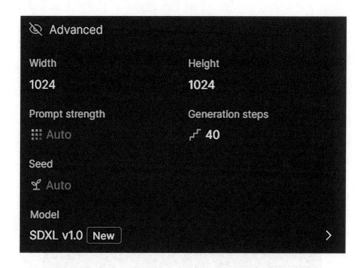

⑧의 고급 설정을 클릭하면 위와 같은 화면이 나타납니다.

▶ Width, Height : 생성되는 이미지의 가로, 세로 픽셀 수를 설정.

▶ Prompt strength : 1~30 사이로 설정할 수 있고, 강도가 높을수록 프롬프트의 내용이 더 강하게 반영.

▶ Generation steps : 높을수록 이미지 생성에 더 많은 단계를 거치게 되어 이미지의 품질이 높아지며, 높을수록 더 많은 크레딧을 소모

▶ Seed : 이미지 생성에 사용할 고유한 값. 이 값과 나머지 설정값, 프롬프트가 같다면 거의 같은 이미지가 생성됨.

▶ Model : 이미지 생성에 사용할 모델을 지정. 최근에 개발된 모델일수록 성능이 좋음. 그만큼 더 많은 크레딧을 사용하게 됨.

이미지 생성 실습

거의 모든 이미지 생성 AI는 한국어 프롬프트보다 영어 프롬프트가 더 잘 인식되기 때문에 원하는 결과에 더 적합한 이미지가 생성됩니다. 파파고Papago, 딥엘DeepL과 같은 번역 서비스를 활용하면 좋습니다.

이 책에서는 이미지 생성 AI 보기로 사용할 프롬프트는 "한강에서 바라본 서울의 야경, 현대적 도시 스타일"을 번역한 "Night view of Seoul from the Han River, modern city style"을 동일하게 사용하겠습니다.

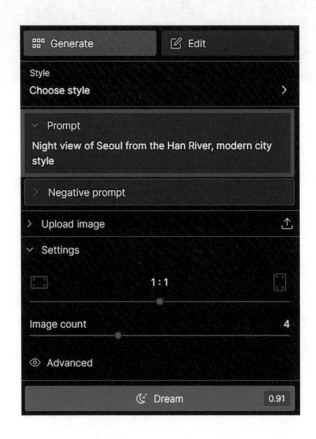

왼쪽의 화면과 같이 다른 것은 그대로 두고 프롬프트만을 입력하였습니다. 프롬프트 입력 후 하단 우측에 사용되는 크레딧이 나옵니다. 크레딧 확인 후 [Dream]을 클릭합니다.

위와 같은 이미지가 생성된 것을 확인할 수 있습니다.

상단에 커서를 가져가면 ①일괄 다운로드와 ②일괄 삭제가 가능합니다. 또한, 네 개의 그림 중 마음에 드는 그림에 커서를 가져가면 위와 같은 버튼이 나타납니다.

① Variations : 선택한 이미지와 유사한 4장의 이미지를 추가로 생성.

② 이미지 편집 : 이미지를 부분적으로 편집.

③ 초기 이미지로 지정 : 선택한 이미지를 또 다른 이미지를 만들기 위한

　초안으로 지정.

④ 다운로드 : 선택한 이미지 다운로드.

⑤ 삭제 : 선택한 이미지 삭제.

네 개의 이미지 중 하나를 클릭하면 위의 화면과 같이 크게 볼 수도 있습니다.

드림 스튜디오의 특징 중 하나는 프롬프트 입력창과 네거티브 프롬프트 입력창이 있어서 이미지 생성 시 원하는 요소를 강조하고 원치 않는 요소를 효과적으로 제외할 수 있습니다.

예를 들면 아래와 같이 활용 가능합니다.

Positive Prompt: "A small wooden cabin in a tranquil forest, morning sunlight" Negative Prompt: "People, animals"
Positive Prompt: "Night view of Seoul from the Han River, modern city style" Negative Prompt: "Boats, people"

크레딧 구매 방법

가입 시 무료로 제공되는 크레딧은 총 25 크레딧입니다. 무료로 사용 후 추가로 크레딧을 구매하려면 전체 화면에서 우측 상단에 잔여 크레딧을 클릭합니다.

위의 화면에서 금액을 입력 후 [Buy]를 클릭하면 결제 화면으로 넘어갑니다.

위의 화면으로 연결이 되면 카드로 결제할 수 있습니다.

크레딧의 최소 구매 금액은 10달러이며, 10달러당 1,000 크레딧을 제공합니다.

이미지 AI 프로그램 : Canva

Canva는 누구나 쉽게 디자인을 할 수 있도록 도와주는 온라인 디자인 및 비주얼 커뮤니케이션 플랫폼이에요. 2013년에 시작된 이래로, 전 세계 1억 명 이상의 월간 활성 사용자들에게 130억 개 이상의 디자인을 제작할 수 있는 환경을 제공하고 있어요. 이 플랫폼은 190개국에서 사용되며, 100개 이상의 언어를 지원해요.

> "제가 가르치고 있는 디자인 도구가 정말 투박하고 사용하기 어렵다는 것을 알게 되었습니다. 사람들은 한 학기 내내 버튼이 어디에 있는지 배우느라 시간을 보내야 하는데, 그건 정말 말도 안 되는 일이라고 생각했습니다. 미래에는 모든 것이 온라인과 협업을 통해 이루어질 것이고, 이렇게 어려운 도구보다 훨씬 더 간단해질 것이라고 생각했습니다."
>
> _멜라니 퍼킨스, Canva의 공동 창립자 겸 CEO

이와 같이 Canva의 목표는 모든 사람이 어디서든 디자인을 간편하게 제작하고 게시할 수 있는 환경을 제공하는 것이기에 저와 여러분에게 분명히 도움이 될 프로그램이라 꼭 AI 기능 때문이 아니더라도 사용해 보시도록 권하고 싶어요.

Canva의 장점

사용의 용이성	포토샵 없이도, 디자인에 대한 전문적인 지식이나 기술 없이도 직접 클릭 몇 번으로 손쉽게 예쁜 디자인을 할 수 있습니다. PC뿐만 아니라 모바일 앱을 사용하여 다양한 디바이스에서 언제 어디서나 원하는 디자인을 간편하게 만들 수 있습니다.
다양한 디자인 템플릿	프레젠테이션, 로고, 명함, 초대장, 계획표 등 비즈니스적인 부분뿐만 아니라 개인적인 용도로도 사용할 수 있는 다양한 디자인 옵션을 제공합니다. 이는 우리 일상 생활과 밀접하게 이어져 있으며, 디자인이 필요할 때마다 전문가를 찾거나 특별한 디자인 기술이 필요하지 않게 합니다.
다양한 디자인 템플릿	간편한 협업 기능으로 팀 역량을 강화합니다. 이를 통해 여러 사용자가 동시에 하나의 프로젝트에 참여하고, 실시간으로 피드백을 주고받으며, 공동 작업을 더욱 효율적으로 진행할 수 있습니다.
글로벌 브랜드 신뢰	많은 글로벌 브랜드가 Canva를 신뢰하고 사용하고 있습니다. 이는 Canva가 제공하는 도구 모음이 비즈니스, 비영리 조직, 교육 기관, 콘텐츠 크리에이터 등 다양한 사용자의 시각적 커뮤니케이션에 영향을 주고자 하는 모두에게 완벽한 엔드투엔드 솔루션을 제공하기 때문입니다.

이제 Canva에 AI 기능이 탑재되면서 글쓰기는 물론, 텍스트만 입력하면 이미지와 동영상까지 순식간에 생성해 줍니다. 기본적으로 로고, 포스터, 인포그래픽, 프레젠테이션, SNS 게시물 등 다양한 디자인을 만들 수 있는데요. 여기서 AI 기능인 Magic Write AI는 이 모든 콘텐츠를 생성하는 데 엄청난 효율과 퀄리티를 자랑합니다. 백문이 불여일견이라고 했으니 바로 시작해 보겠습니다.

사용법

계정 생성 및 로그인

Canva 웹사이트에 접속합니다. (https://www.canva.com/)

위와 같은 화면이 보이면 [디자인 시작하기] 또는 [로그인]을 클릭합니다.

Canva 이용 약관이 나오면 체크 후 [동의 및 계속하기]를 눌러 줍니다.

위와 같이 다양한 방법으로 로그인이 가능합니다. 저는 여기서 Google로 계속하기를 선택하였습니다.

로그인을 하면 위와 같은 화면이 보입니다. 여기서 본인 프로필 사진 아래쪽을 보시면 '무료 체험하기' 라는 것이 보입니다.

Canva는 모든 사용자에게 30일의 무료체험을 제공합니다.

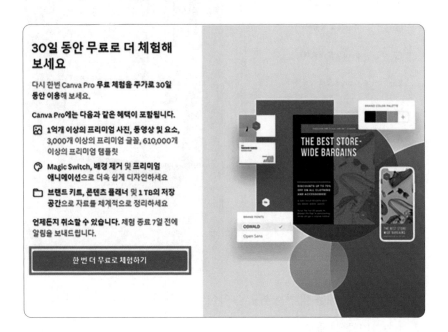

심지어 한 달 무료 체험을 이미 한 계정에서는 시간이 지나니 [한 번 더 무료로 체험하기]라는 버튼이 나오네요. 정말 사용자로 하여금 마음을 활짝 열 수 있도록 하는 매력적인 기업이라는 느낌이 드네요.

현재 AI 기능은 Canva PRO(유료 플랜)에게만 제공되기 때문에 30일 무료 체험하기를 실행합니다.

　여기서는 AI 기능 활용만을 다룰 예정이므로 Canva의 기본 사용법은 위에 보이는 사이트 내의 디자인스쿨을 꼭 참고하기를 권합니다. (https://www.canva.com/designschool/)

　자, 그럼 본격적으로 Canva에서 제공하는 AI의 모든 기능을 모아둔 Magic Studio에 대해 알려드리겠습니다.

위의 화면과 같이 좌측 박스에 있는 [Magic Studio]를 클릭합니다. 현
재 제공하고 있는 다양한 AI 기능이 자세하게 설명되어 있습니다. 또한 AI
를 Canva 워크플로에 통합하여 앱 마켓플레이스에서 DALL-E와 Imagen
등 다양한 AI 도구들을 경험할 수 있습니다.

▶ Magic Write

▶ 크기 조정 및 Magic Switch

▶ Magic Animate

▶ Magic Morph

▶ Magic Media(Text to Video / Text to Image)

▶ Magic Edit / Magic Grab / Magic Expand

하나씩 실습을 해보겠습니다.

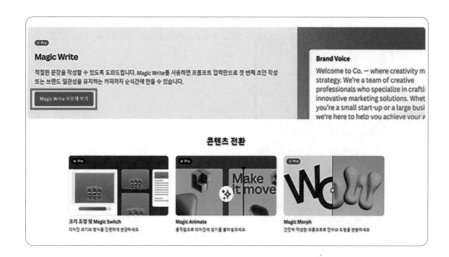

[Magic Write 사용해 보기]를 클릭합니다.

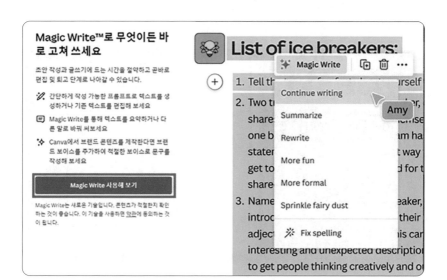

위와 같은 창이 뜨면 원하는 곳에 원하는 문구를 입력합니다. 저는 "캔바 ai 사용법"이라고 적고 위에 [Magic Write]를 클릭했습니다.

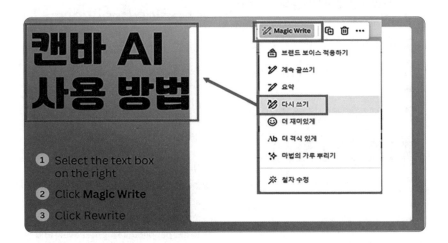

Magic Write의 [다시 쓰기] 기능을 사용하니 위와 같이 문구가 변경되었습니다.

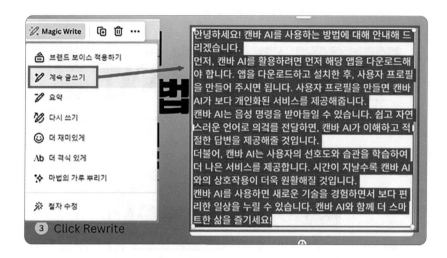

위와 같이 Magic Write의 [계속 글쓰기]를 클릭하자 잠시 후 AI가 오른쪽과 같은 글을 이어서 작성해 주었습니다. 원하는 위치로 가져다 두고 글씨체와 크기를 설정해 주면 됩니다. 이처럼 텍스트를 선택하고 Magic Write 기능을 사용해서 AI에게 텍스트를 다시 쓰거나 요약하거나 더 재미있게 만들도록 요청할 수 있습니다.

이뿐만 아니라 텍스트를 써서 바로 이미지와 동영상 만들기도 가능한데요. 퀄리티와 생성 속도도 아주 좋습니다.

위와 같이 [Text to Image]를 선택하고 [지금 사용해 보기]를 눌러봅니다.

위와 같이 Magic Media라는 화면이 뜹니다. 좌측 상단에 만들고 싶은 이미지를 5개 이상의 단어로 입력하여 설명해 달라는 문구가 보입니다. 저는 "목재 테이블에 놓인 다양한 디저트"라고 입력하고 아래 스타일에서 "사진"을 선택한 후 가로 비율로 이미지 생성 버튼을 클릭해 보았습니다.

위와 같이 이미지를 생성하는 것을 실시간으로 볼 수 있습니다. 놀랍지 않나요?

좌측 하단에 아주 작은 글씨로 494크레딧 중 1크레딧을 사용하였다고 나오고, 24. 4. 1에 갱신된다고 적혀 있습니다.

이제 동영상을 한번 생성해 보겠습니다.

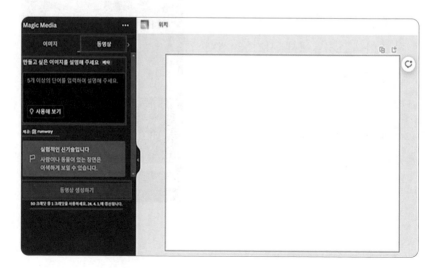

위와 같이 동영상 버튼을 선택 후 만들고 싶은 영상의 프롬프트를 적습니다.

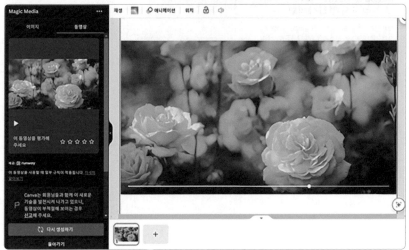

[동영상 생성하기]를 클릭하면 약 1~2분 뒤에 동영상이 생성된 것을 볼 수 있습니다. AI가 생성한 것일 텐데, 실제 영상과 구분하기 힘든 수준

이네요. 그림자와 바람까지 사실적으로 생성했습니다.

runway AI를 기반으로 생성된 영상의 길이는 4초이고, 동일한 방법으로 여러 영상을 추가해서 하나의 영상 콘텐츠를 만들 수 있습니다. 참고로 동영상은 50크레딧 중 1크레딧을 사용하며 이미지와 동일하게 24. 4. 1에 갱신된다고 나옵니다.

생성된 이미지와 동영상은 Canva의 라이브러리에 저장되고, 페이지에 자동 추가됩니다. 또 생성된 이미지를 편집하거나, 다른 디자인 요소를 추가하거나, 다른 Canva 프로젝트에 사용하거나, 온라인 플랫폼으로 공유할 수 있고 모바일과 PC를 자유롭게 클라우드 기반으로 이용할 수 있어 호환도 편리합니다.

마지막으로 또 자주 사용하게 되는 유용한 기능을 소개해 드리겠습니다. [Magic Expand 사용해보기]를 누르고 방금 생성했던 이미지를 가져옵니다. (이전 페이지에서 복사해서 사용할 수도 있고, 저장해서 불러올 수도 있습니다.

혹은 좌측 메뉴의 [요소]에서 [AI 이미지 생성기]를 클릭 후 바로 생성도 가능합니다.)

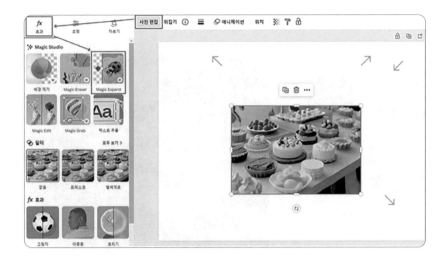

위의 화면처럼 이미지 선택 후 [사진 편집]을 클릭하고 [효과]에서 [Magic Expand]를 클릭합니다.

[전체 페이지] 선택 후 [Magic Expand]를 클릭하면 아래와 같은 확장

된 이미지가 생성됩니다. 4장 중 마음에 드는 것으로 선택 후 [완료] 버튼을 누르면 사진에 최종 적용됩니다.

이렇듯이 다른 사이트를 이용하지 않아도 충분히 Canva로 다양한 AI를 활용할 수 있기 때문에 유료 요금제도 매력적이네요.

Canva는 교육용으로 초중고 교사와 학생에게는 100% 무료로 제공되고 있으며, 비영리단체도 인증하면 혜택이 있으니 해당되시는 분들은 다음의 주소로 들어가셔서 정확한 안내를 확인해 보세요. (https://www.canva.com/ko_kr/pricing/)

Canva는 디자인을 필요로 하는 모든 사람들에게 강력하면서도 사용하기 쉬운 도구를 제공해요. 디자인에 대한 경험이 없어도, Canva를 통해 누구나 전문가처럼 멋진 디자인을 만들 수 있으니 AI를 적극 활용하셔서 더욱 창의적이고 효율적인 디자인을 도전해 보세요.

음악 AI 프로그램 : Suno

힌디어로 "듣다"라는 의미를 가진 Suno AI는 간단한 프롬프트 입력만으로 음악을 만들 수 있는 음악 작곡 및 생성 인공지능이에요. 사용자가 원하는 분위기나 주제, 혹은 직접 가사를 입력하면, Suno AI는 그에 맞는 고품질의 음악을 자동으로 생성해 줘요. 특히, 다른 음악 생성 AI와 달리 보컬을 매우 정확하게 생성해내며, 오디오 품질이 매우 뛰어나 사람이 직접 부르는 것처럼 느껴질 정도예요.

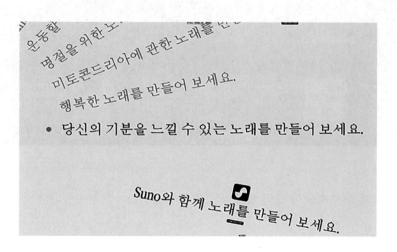

Suno AI는 영어뿐만 아니라 한국어 가사도 지원하며, 사용자는 별도의 음악적 지식 없이도 사용할 수 있어요. 이 AI는 누구나 쉽게 자신만의 음악을 만들 수 있는 미래를 구축하고자 하는 목표를 가지고 있어요. 이 플랫폼은 'Bark'와 'Chirp'이라는 두 가지 주요 AI 모델을 사용하여 각각 가사와 멜로디, 그리고 악기 부분을 담당하고 있어요. 물론 이런 걸 몰라도 지금 바로 음악을 직접 생성할 수 있답니다.

사용방법

우선 Suno AI 웹사이트에 들어갑니다. https://app.suno.ai/

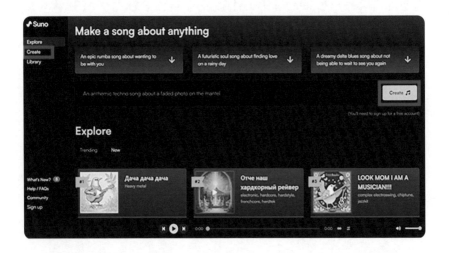

위와 같은 화면이 뜨면 빨간 박스에 Create(만들다)를 클릭합니다.

Create your account(계정 만들기) 창이 뜨면 Discord 계정이나 Google계정 또는 Microsoft계정을 이용해서 로그인합니다. 여기서 저는 구글로 로그인을 하겠습니다.

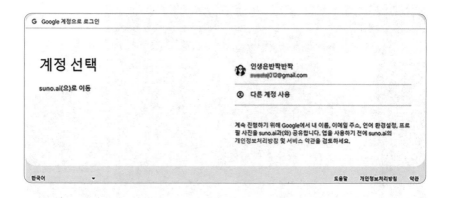

구글 계정 로그인을 선택하면 위와 같이 계정 연동 창이 뜨고, 본인 아이디를 선택하면 바로 로그인이 됩니다.

로그인이 되면 위와 같은 첫 화면이 나타납니다. 위 화면에서 다른 이용자들이 생성한 인기 급상승 음악과 최신 생성된 음악들을 골라 보실 수 있습니다.

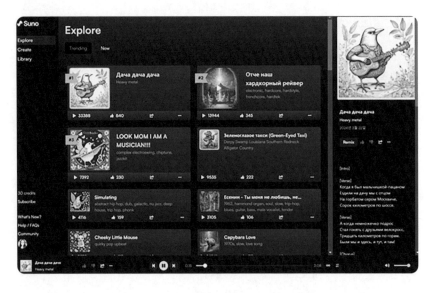

음악을 선택하면 오른쪽에 그림과 제목, 가사를 확인할 수 있으며, 노래 링크를 복사해서 공유할 수도 있습니다.

이제 아래 빨간 박스에 Create(만들기)를 눌러 보겠습니다.

일반모드와 Custom mode(사용자 정의 모드)가 있습니다. 일반모드는 사용자가 원하는 음악의 느낌을 입력하여 AI가 곡을 생성하도록 합니다. 우선 일반모드 그대로 두고 먼저 만들어 보겠습니다.

영어와 한국어 모두 입력이 가능합니다. 한국어로 입력을 하면 가사뿐만 아니라 음악도 전반적으로 K-POP 느낌이 납니다. [Create]를 누르면 음악은 2개가 생성됩니다.

    느낌만 입력했는데, 그럴 듯한 음악과 가사가 '짠' 하고 나타납니다. 동일한 가사로 두 가지 음악이 생성됐네요. 둘 다 설명 한 줄로 만들어졌다고 생각하니 놀라워요.

다음은 Custom mode(사용자 정의 모드)를 사용해 보겠습니다.

Custom mode(사용자 정의 모드)는 사용자가 가사를 입력하고 원하는 느낌이나 장르를 입력한 뒤 AI가 곡을 생성하도록 하는 방식입니다. 가사가 잘 떠오르지 않는다면 가사 입력창 아래 'Make Random lyrics'를 클릭하여 작사를 AI에게 부탁해도 됩니다.

저는 앞에서 배웠던 ChatGPT를 활용해서 AI로 원하는 가사를 생성해 보도록 하겠습니다.

가사와 스타일 제목을 넣고 [Create]를 클릭하면 역시 오른쪽 화면에
두 곡이 생성되는 걸 볼 수 있습니다.

곡 오른쪽에 […] 버튼을 눌러서 다운로드 합니다. 다운로드 폴더에
MP4파일로 다운된 것을 확인할 수 있습니다.

1분이 조금 넘는 미완성의 곡을 생성하고 있는데, 완성된 형태의
곡을 만들기 위해서는 작사의 형식, 즉 [INTRO(도입)] [VERSE(절)]
[CHORUS(후렴)] [OUTRO(마무리)] 이러한 형태로 곡을 생성한 뒤 완성
된 음악 중 마음에 드는 노래를 연결해서 하나의 완성곡으로 저장하는 방
법도 가능하겠네요.

Suno AI의 무료 계정은 현재 하루에 50크레딧을 제공하기 때문에 하루
10개의 음악 클립을 생성할 수 있습니다.

Suno AI는 텍스트를 곧바로 가창이 더해진 음악의 형태로 생성해 준다는 점에서 교육적으로 엄청난 활용도가 있어요.

예를 들어 작가 혹은 학생들이 창작한 문학작품을 가사가 있는 음악으로 바꾸는 작업이 가능하고 감상, 연주, 가창 위주의 음악 교육의 초점을 창작으로 전환할 수 있다는 점에서 큰 의의가 있다고 생각해요. 그리고 좋은 글은 좋은AI 생성 결과가 된다는 AI 교육 내 프롬프트 관련 학습에서도 효과를 발휘할 것 같아요.

음악 프로듀서가 되는 기적을 만드는 SUNO AI 꼭 활용해 보시기를 바랍니다. 컬러링이나 내 콘텐츠의 테마곡도 직접 만들어 보세요!

영상 AI 프로그램 : Haiper

최근 인공지능 기술은 글에서 비디오를 생성하는 능력을 포함해 놀라운 발전을 이루고 있습니다. 이미 오픈 AI의 SORA(소라) 서비스를 기다리는 분이 많죠. 하지만 오늘은 'Haiper'라는 새로운 AI 비디오 생성 모델. 그것도 무료로 사용할 수 있는 AI를 소개해 드리겠습니다.

창의력을 무한대로 확장시키는 AI 비디오 생성기 Haiper AI는 딥마인드와 틱톡 출신 개발자들이 만든 혁신적인 AI 비디오 생성 툴입니다. 사용자 친화적인 인터페이스와 커뮤니티 중심의 운영으로, 누구나 쉽게 고품질의 비디오 콘텐츠를 만들 수 있게 해 주죠.

사용자들은 Haiper AI의 웹사이트에 무료로 접속하여 텍스트 프롬프트를 입력함으로써 동영상 생성 기능을 이용할 수 있으며, 결과 클립은 고화질로 2초 또는 4초로 생성됩니다,

Haiper AI는 '창의성이 재미있고 놀라워야 하며, 공유될 수 있어야 한다'는 신념 아래 개발되었고, 창의적인 비디오 제작을 원하는 모든 이들에게 새로운 가능성을 열어주고 있습니다. 우리도 함께 프롬프트만으로 영상을 제작해 볼까요?

사용법

Haiper(하이퍼) 홈페이지에 들어갑니다. (https://haiper.ai/)

위와 같은 화면이 보이면 가운데 [Try For Free]를 클릭합니다. 현재는
베타버전으로 완전히 무료입니다.

디스코드와 Google로 로그인이 가능합니다. 아래와 같이 클릭 한 번이면 로그인할 수 있습니다.

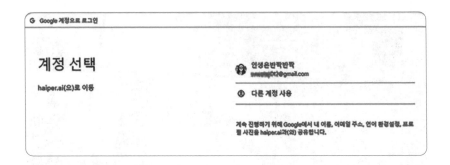

로그인하면 다양하게 생성된 영상을 볼 수 있습니다.

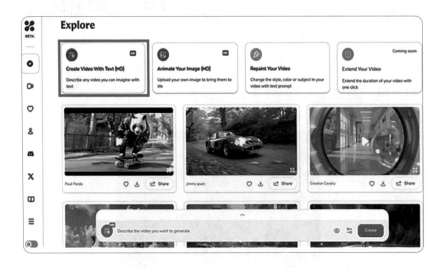

우리는 우선 [Create Video With Text]를 클릭해서 텍스트로 영상을 제작해 보겠습니다. (현재는 영어로 입력해야 제대로 생성됩니다.)

▶ Create Video With Text (HD) : 텍스트 입력해서 2~4초짜리 HD 영상 제작

▶ Animate Your Image (HD) : 제작한 이미지를 입력하여 애니메이션 적용 HD로 제작

▶ Repaint Your Video : 텍스트 프롬프트를 사용하여 비디오의 스타일을 변경

아래와 같이 하단의 프롬프트 입력창 위에는 영상의 분위기를 선택할 수 있는 키워드들이 나타납니다. [오래된 영화, 수채화, 사이버펑크, 신비로운, 레고, 배경흐림, 지브리 등등.]

여기서 지브리를 선택해 보았습니다.

그리고 프롬프트 입력창에 'magic moments'를 추가로 적었습니다.

그 옆에 눈 모양의 아이콘을 누르면 생성된 결과물을 공개/비공개 설정하는 것과, 영상의 길이(2초/4초)를 선택하는 버튼이 있습니다. 선택 후 [Create]를 클릭합니다.

약 1~2분 정도 기다리면 아래와 같은 영상이 생성됩니다.

결과물 퀄리티가 제법 좋습니다.

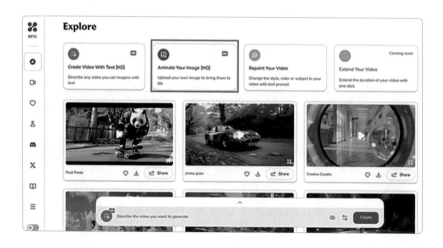

이번에는 [Animate Your Image]를 클릭하여 이미지를 업로드해서 영상
으로 제작하는 것을 해보겠습니다.

위와 같이 이미지 한 장을 올리고 프롬프트를 두 개 넣은 뒤 [Create]를
클릭했습니다.

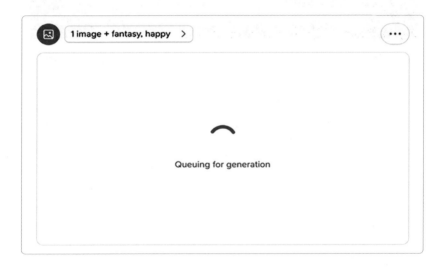

4초짜리를 생성한다고 선택했더니 아까보다는 시간이 조금 더 걸립니
다. (약 2분)

위와 같은 영상이 제작되었는데, 기존에 넣은 이미지(생성형 AI로 생성한 이미지라 원래 판타지 느낌임) 그대로 인식됐고, 날개와 꽃봉오리 같은 것들이 움직입니다. 일단 이미지에서 움직여야 할 것과 움직이지 말아야 구분한다는데, 놀랍네요. 기대했던 것보다 더 자연스러운 영상이 생성되었습니다. 다만, 아쉬운 것은 2초~4초 라는 것이지만, 여러 가지 영상의 스토리를 다양하게 만들어서 2초-2초-2초… 이렇게 영상 제작 후 편집하면 될 것 같다는 생각도 듭니다. 그리고 상상력을 동원해서 프롬프트를 구체적으로 입력하면 좋을 것 같았습니다. 요즘 영상 자료를 활용하는 곳이 너무나 다양해서 교육하는 분들도 이렇게 만든 영상이 도 움이 될 것 같고, 자영업이나 개인 프로젝트를 하는 분들께도 마케팅 콘텐츠 제작에 도움이 될 거라 생각됩니다.

학교 현장에서도 국어, 음악, 미술 등 창작 활동에서 연계하여 활용하면 좋을 것 같습니다. (음악은 따로 재생되지 않으므로, 다른 간단한 편집 tool을 쓰는 것을 추천)

수업 활용 예

▶ 국어 작품 읽고 자신의 느낌을 정리한 후, 프롬프트로 입력하여 영상으로 표현

▶ 음악 감상 후 자신의 느낌 정리 후, 영상으로 표현 -> BGM으로 감상했던 음악 입력

▶ 미술 작품 감상 후, 자신의 느낌 - 영상 표현 -> 원하는 음악 함께 BGM으로 삽입

Open AI의 Sora 모델과의 경쟁 속에서 Haiper는 아직 초기 단계에 있지만, 사용자에게 무료로 툴을 제공하며 커뮤니티를 구축하려는 전략이 제법 성공적인 것 같습니다. 앞으로의 발전을 더욱 기대해 보며 여러분들도 잘 활용하시기를 바랍니다.

동영상 AI 프로그램 : VREW

VREW는 한국의 스타트업 보이저엑스^{Voyager X}(https://www.voyagerx.com/)에서 개발한 프로그램이에요. 처음에는 자동 자막 생성 프로그램으로 많이 활용했으나, 현재는 영상 편집에 필요한 거의 모든 기능들을 제공하고 있기에 이 책을 구매하신 여러분께 무조건 강력하게 추천하는 프로그램이에요. 영상작업을 하는 전문가들은 VREW가 나오기 이전엔 일일이 자막을 입력해야 했는데, 음성 인식 프로그램으로 목소리를 자동으로 여러 언어로 자막을 만들어 줘요.

AI 기술을 활용하여 사용자가 쉽고 편하게 영상을 편집할 수 있도록 돕는 활용도가 높은 프로그램입니다.

여기서는 AI 기능을 활용하여 주제만 잘 골라 주면 대본과 영상을 완성도 높게 제작해 주는 신세계를 함께 경험하도록 합니다.

가입 및 사용 방법

크롬을 열고 VREW를 검색하여 아래와 같이 홈페이지에 들어가 [무료 다운로드] 합니다. (https://vrew.voyagerx.com/ko/)

아래와 같이 사이트의 안내대로 회원가입 후 로그인을 합니다. (구글이나 네이버로 연동해서 가입하는 것을 추천합니다.)

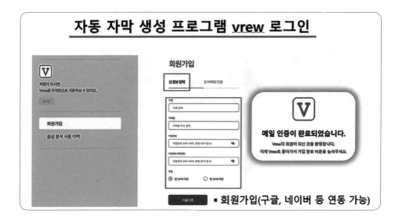

상단의 [홈] 화면에서 [+새로만들기]를 선택한 뒤, [텍스트로 비디오 만들기]를 클릭합니다.

제작할 영상의 비율을 선택하고 다음을 클릭합니다. (여기서는 유튜브 가로 사이즈인 16:9를 선택하겠습니다.)

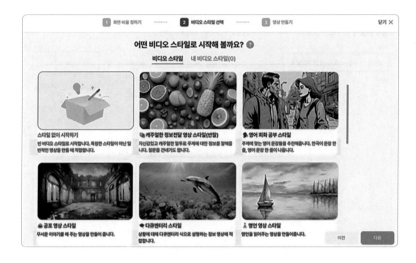

비디오 스타일 선택에서 원하는 스타일을 고르고 다음을 클릭합니다. 여기서는 AI로 간단하게 영상을 제작하는 방법을 안내해 드리기 위해 공익광고 영상을 제작해 보도록 하겠습니다.

위와 같이 주제에는 영상의 주제를 담은 제목을 간단히 입력하고 [AI 글쓰기]를 클릭합니다.

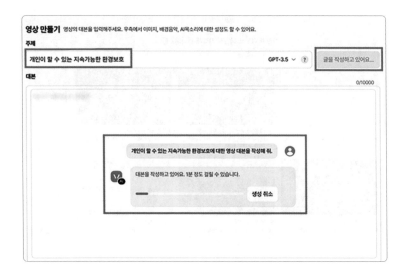

대본을 작성하고 있다는 안내가 나옵니다. AI가 대본을 작성하는 동안 잠시 기다리면 곧 다음 화면으로 넘어갑니다.

AI가 써 준 대본을 확인 후 직접 수정하거나 다시 쓰기도 가능합니다. 좌측에 [영상 요소]에서 AI 내레이션 목소리와 이미지&비디오, 배경음악을 체크하고 [완료] 버튼을 누르면 설정한 것들을 모두 포함해서 영상이 제작됩니다.

"작성한 대본으로 영상을 생성하시겠어요?"라는 창이 뜨면 [완료]를 클릭합니다. 대본에 어울리는 이미지를 생성하고 있다는 안내가 나오면 잠시 기다립니다.

완료되면 다음과 같이 편집창이 생성됩니다. 왼쪽 중간에 있는 ▶재생 버튼을 눌러 영상을 확인합니다.

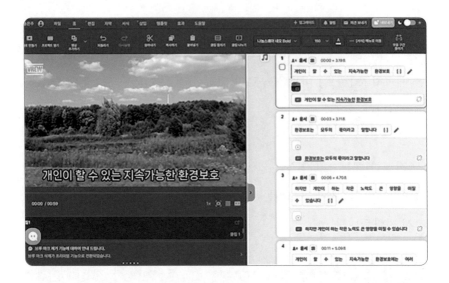

아래 화면의 설명과 같이 오른쪽 화면에 나와 있는 [클립]은 영상 줄과 자막 줄로 나뉩니다. 영상 줄은 영상을 편집할 수 있고, 자막 줄은 자막을 편집할 수 있습니다. 왼쪽에 미리보기 영상을 확인 후 필요한 경우에는 클립을 편집합니다.

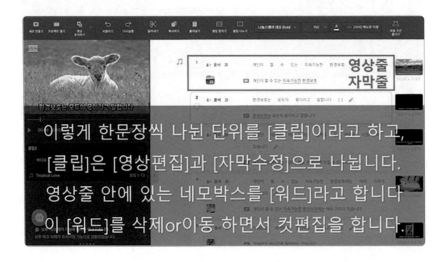

영상 또는 이미지를 교체하고 싶다면 [교체하기]를 선택합니다.

원하는 이미지를 적고, [결과보기]를 선택하면 AI로 직접 원하는 영상을 제작할 수 있어요.

AI로 생성한 이미지(다운로드도 가능)를 더블 클릭하거나, 왼쪽 박스와 같이 무료 이미지·비디오 화면에서 고를 수도 있습니다.

영상이 모두 완성되었다면 저장할 차례입니다. [파일]-[영상으로 내보내기] 또는 화면의 우측 상단에 있는 [내보내기]-[영상파일]을 선택하여 내 기기에 저장합니다.

해상도와 화질 등 선택되어 있는 그대로 두고 내보내기 버튼을 클릭합니다. 파일명 뒤에 experted가 붙은 mp4 파일로 기본 다운로드 폴더에 저장됩니다.

VREW에는 훨씬 많은 기능이 있지만 여기에서는 AI를 활용해서 주제만으로 글을 쓰고 5분 안에 영상을 자동으로 제작해 주는 편리한 기능을 살펴보았습니다.

VREW에서 자체적으로 사용법을 영상으로 제작해 유튜브에 올려놓은 것도 있으니, 필요하시면 아래 사이트를 꼭 방문해 보시기를 추천합니다. (https://vrew.imweb.me/tutorial)

또한 프로그램을 끝내기 전에 [프로젝트 저장하기] 기능으로

작업 중인 파일 저장을 해 두는 것도 가능합니다. 프로젝트 파일 저장은 VREW 확장자를 가진 파일로 언제든 불러서 재작업할 수 있습니다.

이렇게 VREW는 AI 기능을 활용하여 주제만으로 영상을 제작하고 자막을 추가할 수 있는 프로그램입니다. 100개 이상의 언어로 번역할 수 있어, 중소기업에서 해외 기술자를 위한 외국어 자막과 기계 사용법 메뉴얼 영상 제작에 유용하게 활용되고 있습니다. 이러한 기능은 해외에서도 교육 및 홍보 영상 제작에 널리 사용되고 있어, 다양한 분야에서 활용을 적극 권장해 드립니다.

PPT AI 프로그램 : Gamma

Gamma는 프레젠테이션을 자동으로 생성해 주는 AI 기반 서비스를 제공하는 회사에요. 사용자가 주제를 입력하면, 감마는 관련 내용을 구성하고 디자인하여 프레젠테이션 자료를 만들어 줘요. 이 기술은 특히 시간이 부족하거나 디자인에 자신이 없는 사용자들에게 큰 도움이 될 수 있어요.

감마는 미국 실리콘밸리에서 시작된 스타트업으로, AI 기술을 활용하여 프레젠테이션 제작 과정을 혁신하고자 하는 목표를 가지고 있어요. 현재는 12명의 직원으로 구성되어 있으며, 빠르게 성장하고 있어요. 2023년 상반기 기준, 미국에서만 약 300만 명 이상의 사용자가 감마 서비스를 이용하고 있어요. 또한, 사용자는 주제만 입력하면, 감마가 관련 내용을 구성하고 디자인하여 프레젠테이션을 자동으로 생성해 줘요. 이 과정은 단 80초만에 8장의 슬라이드를 만들어 낼 수 있어요.

감마는 교육 분야에서도 유용하게 사용될 수 있어요. 예를 들어, 학생들이 프로젝트 발표를 준비할 때 감마를 사용하여 시간을 절약하고, 보다 전문적인 프레젠테이션을 만들 수 있어요. 감마를 활용하면 누구나 쉽고 빠르게 전문적인 프레젠테이션을 만들 수 있어요. 특히 바쁜 일정으로 인해 프레젠테이션 준비 시간이 부족한 직장인이나 학생들에게 큰 도움이 될 거예요.

이제 AI를 활용해서 더욱 간단하게 프레젠테이션을 만들 수 있습니다. 감마를 통해 시간과 노력을 절약하면서도 여러분의 프레젠테이션을 한 단계 끌어올려 보세요!

Gamma 사용법

Gamma 공식 홈페이지(https://gamma.app/)에 접속합니다.

위 화면에서 '무료 가입하기'를 클릭합니다.

먼저 회원가입이 필요합니다. 기존에 구글 계정으로 사용할 수 있고 추가로 가입 계정을 만들 수 있습니다. 구글에 로그인 되어 있는 상태라 [Google로 계속하기]를 누르고 클릭 한 번으로 간단하게 가입하였습니다. 로그인하면 작업창 메인 화면으로 이동합니다.

위와 같은 작업창 메인 화면에 모든 작업물이 그리드 또는 목록 형식으로 나타납니다. 상단의 [새로 만들기]를 클릭합니다.

AI로 만들기 화면에서 3가지 선택이 있습니다.

텍스트로 붙여넣기	텍스트 기반으로 작성해 놓은 메모, 노트 등의 콘텐츠를 가지고 와서 PPT 초안을 만드는 방식
생성	심플하게 프롬프트에 텍스트를 입력하여 생성하는 방식
파일 가져오기	PPT 파일을 가지고 와서 추가 작업하는 방식

여기서는 위와 같이 [생성]을 선택하여 간단하게 PPT를 생성해 보겠습니다.

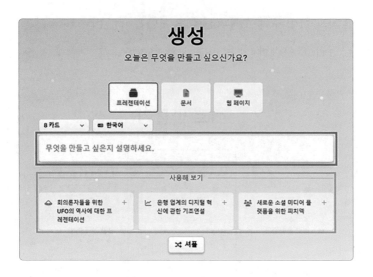

맨 위에 프레젠테이션이 선택된 상태에서 빨간 박스에 프롬프트를 입력하면 됩니다. 참고로 노란색 박스에 있는 다양한 예제를 선택하여 어떤 형태로 만들어지는지 미리 경험해 볼 수 있어요. 여기서는 연습으로 만들 PPT를 셔플을 몇 번 눌러서 "호기심 많은 2학년을 위한 개구리 강의"를 클릭했습니다.

위 화면을 보면 프롬프트 설정은 이렇습니다.

> ▶ 프레젠테이션
> ▶ 8 카드 : 슬라이드 8장 (무료는 1장~10장까지 한 번에 생성 가능)
> ▶ 한국어 : 현재 약30 가지 언어를 지원 중
> ▶ 호기심 많은 2학년을 위한 개구리 강의 : 주제어

[개요 생성]을 클릭해 보겠습니다. 아래와 같은 개요가 생성됩니다.

윤곽선 박스안에 8 카드에 맞춘 목록이 자동으로 생성됩니다. 이 부분은 직접 수정할 수 있으며, 빨간 박스를 누른 상태로 이동하면 순서를 변경할 수 있습니다. 파란 박스에 마우스를 가져가면 카드를 삭제할 수 있으며, 노란박스를 클릭하여 목록 카드를 추가할 수 있습니다.

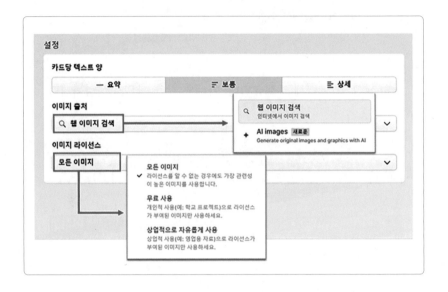

위와 같이 설정 박스에서는 [카드당 텍스트 양]과 [이미지 출처]를 선택할 수 있습니다. (웹 이미지 검색/AI images) 웹 이미지 검색을 선택할 경우, 바로 아래 [이미지 라이선스] 항목에서 옵션을 선택할 수 있습니다. (모든 이미지/무료 사용/상업적으로 자유롭게 사용). 여기서 '무료 사용'이나 '상업적으로 자유롭게 사용'을 선택하면 저작권 이슈 걱정은 없겠습니다.

이미지 출처에서 'AI images'를 선택할 경우, 아래와 같이 이미지 생성을 위한 프롬프트가 나타나고 원하는 내용을 입력하면 됩니다.

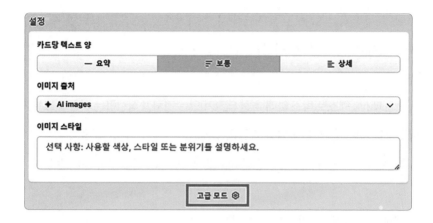

제일 아래쪽에 [계속] 버튼을 클릭하면 PPT가 생성됩니다. 참고로 [계속 40]이라고 버튼 안의 텍스트에서 숫자 40은 크레딧의 수입니다. 크레딧은 요금과 관련된 단위이므로 뒤에 다시 설명하겠습니다.

우리는 위 빨간 박스에 [고급 모드]를 누르고 들어가 보겠습니다.

현재 설정되어 있는 프롬프트에서 추가적으로 조건을 입력할 수 있는 것이 좌측에 있는 [쓰기 대상]과 [톤]입니다.

쓰기 대상 : 텍스트 박스 아래 추천 태그가 있는 것처럼 작성하는 사람과 보는 사람들의 대상을 입력하면 됩니다. 제공되는 태그를 선택하는 것도 좋습니다.

톤 : 말 그대로 PPT가 주는 느낌입니다. 형용사나 명사를 입력하면 됩니다.

맨 아래쪽 [계속] 버튼을 클릭하도록 하겠습니다.

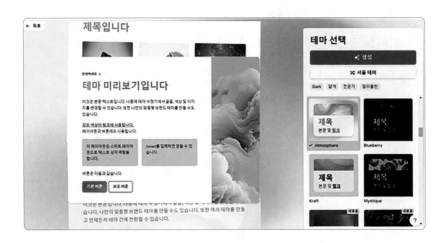

생성 전 PPT 파일의 디자인 테마를 선택하는 화면입니다. 우측에 있는 테마를 선택하면 좌측 큰 화면에 출력됩니다.

마음에 드는 테마를 선택하고 [생성] 버튼을 클릭합니다.

좌측에는 슬라이드 목록이 있고, 우측에 추가기능 버튼이 있습니다.

만들어진 PPT에서 각각 텍스트 박스, 이미지 등을 클릭하면 추가적인 편집 기능을 제공합니다. 예를 들어 이미지를 클릭하면 이미지를 변경하거나 제거할 수 있습니다. 슬라이드를 클릭하면 추가적으로 '카드(슬라이드)'를 추가할 수도 있습니다. 최대한 여기서 원하는 내용으로 수정하는 것이 AI 프로그램을 이용하는 목적에 맞습니다.

페이지 맨 아래에 '만든 결과물이 마음에 드시나요?' 박스의 버튼이 있습니다. 마음에 들지 않는 부분이 있다면 간단하게 더블클릭을 통해 수정할 수 있고, 다른 항목을 만들고자 하면 다른 항목 만들기를 눌러 주세요.

위 화면과 같이 우측 상단의 버튼 중에 '프레젠테이션' 버튼을 클릭하면 박스 안의 메뉴를 제공하고 '발표자 보기'를 선택하면 듀얼 모니터를 사용해 그 자리에서 메모를 보며 슬라이드 쇼를 할 수도 있습니다.

우측 상단에서 [공유] 버튼을 클릭하면 위 화면이 조회됩니다. '내보내기'를 클릭하고 내 PC에 PDF 또는 PowerPoint로 저장하면 됩니다.

내 PC의 '다운로드'폴더에 저장이 되고, 열어보면 PowerPoint에서 위 화면처럼 열립니다. 원하는 편집을 PPT 프로그램에서 이어서 하거나 다양하게 활용하시면 됩니다.

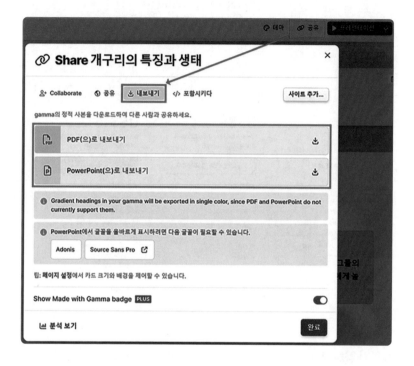

지금까지 AI를 통하여 PPT를 만드는 기본 사용법을 알아보았습니다.

다시 메인 작업창을 돌아오면 방금 제작한 PPT 파일이 추가되어 있습니다. 작업창 좌측 하단에는 '요금제 보기' 메뉴가 있습니다.

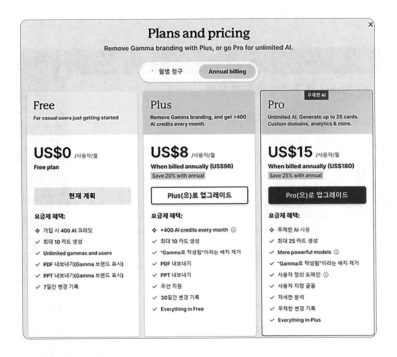

회원가입을 하면 'FREE' 사용자로서 400크레딧을 받은 것입니다. 여기서 아까 생성 시 40크레딧을 사용한 것이고요. 월별 청구/연간 청구가 있고 PLUS/PRO 요금제가 있습니다.

무료 버전으로 열심히 사용해 보고 추가적으로 활용성이 높다고 판단되면 유료 전환하는 것을 추천합니다. 모든 도구가 그러하지만, AI 생성 프로그램도 사용자가 얼마나 잘 사용하는가에 따라 결과물이 매우 다를 것이니까요.

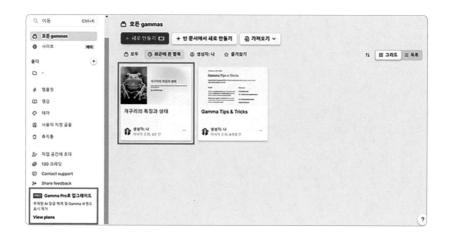

10가지의 AI 활용 프로그램을 소개해 드렸는데, 그 중에서 자신에게 필요한 것을 잘 활용해서 사용해 보면 좋겠어요.

앞으로 더 많은 AI 활용 프로그램들이 나올 거예요. 하지만 앞에서 소개한 것을 사용할 수 있다면 앞으로 나올 프로그램을 활용하는 것도 어렵지 않을 거라고 생각해요.

인간에게 편리함을 가져온 AI를 도구로 잘 사용해서 디지털 스트레스를 받지 않고 새로운 기술을 선도하는 사용자들이 되기를 바라요.

현실로 활용하는 슬기로운 AI 생활

AI 터치다운

지은이   송은주, 정승훈, 지미영

발행일   2024년 4월 30일

펴낸이   양근모

펴낸곳   도서출판 청년정신

출판등록 1997년 12월 26일 제 10-1531호

주 소   경기도 파주시 경의로 1068, 602호

전 화   031) 957-1313 팩스 031) 624-6928

이메일   pricker@empas.com

ISBN   978-89-5861-241-4 (03000)